隠れた強みと好きなことが

スキルマップ

作品

商品　Your Skill　情報発信

技術　教育

才能に変わる

デザイン研究所
@designkenkyujo

スキルマップは
自分の人生を
生きれるようになる地図

特定のゴールを示す地図ではなく、
あなたがあなたらしい目的地に近づくための
オリジナルの地図。

経済的豊かさを手に入れることもできれば、
精神的豊かさを手に入れることもできる。

いずれその両方を手に入れることだって。

あなたが今、求めているあなたらしい方向へ。
この地図を持って。

わたしたちが生きている今の時代は、
昔に比べてずいぶん選択肢が多くなりました。

インターネットやSNSのおかげで、
どんな情報も簡単に手に入る時代です。

新しい仕事や趣味、
生き方までもが次々と紹介され、
「どれを選べばいいの？」と迷ってしまう
ことも多いのではないでしょうか。

中には「これが儲かる」「成功するためには◯◯すべき」といったアドバイスも飛び交いますが、それらが誰にとってもベストな方法であるとは限りません。
自分のやりたいこと＝他人のやりたいこと
ではないからです。

With so man
what do you

本書は、

選択肢があふれる現代社会で進むべき道を見つけたい方

に向けて書いた本です。

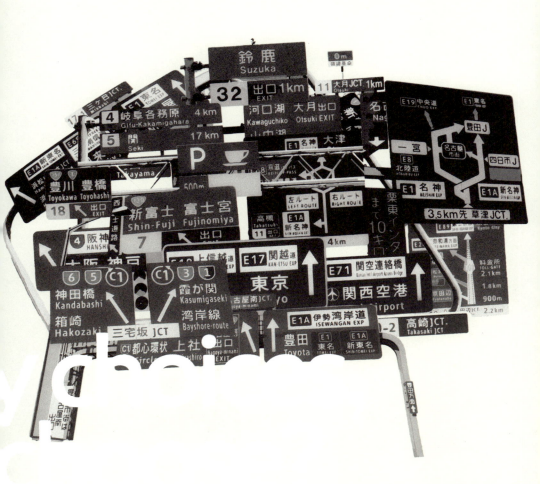

Steps to create a "Skill Map"

一見すると複雑に見える選択肢の中から、
自分のスキルを獲得＆最大限に活かす方法をシンプルに整理し、
オリジナルの地図「スキルマップ」を作り上げるための
具体的なステップを紹介します。

STEP 01　　STEP 02　　STEP 03　　STEP 04　　STEP 05

SKILL MAP

作品

商品　Your Skill　情報発信

技術　教育

- もっと楽しいことをして生きていきたい
- 自分のスキルはどんな可能性があるのかな？
- 好きなことをして稼ぐ方法はあるの？
- 他人とは違う生き方をしたい
- 本当にやりたいことって何だろう？
- やりたくない仕事なのに辞められない
- やりたいことはあるけど、どこから取り組むべき？

このような悩みや不安を抱えている方にこそ、「スキルマップ」を使ってほしいと考えています。

「スキルマップ」を活用して自分に合う選択肢を見つけることさえできれば、好きなものややりたいことで世の中に貢献したり、自分らしくユニークに表現したりしながら、人生をより良い方向へと導くことができるでしょう。

現状を変えたいとき、新しいことを始めたいと思ったとき、誰かの相談に乗るとき……など幅広いシーンで役に立つはずです。

スキルマップは
これからの時代に
欠かせないツール

ここ数年で特定のチームや企業の中で生きていく「組織の時代」から、ひとりひとりが影響力を持って活躍する「個の時代」へとシフトし、一個人の活動が世界中のたくさんの人に知れ渡ったり、大きなお金や影響力を生み出したりできるようになりました。
また、今後はAIを使った新たなチャレンジが個人レベルでもどんどん生まれてくるでしょう。

つまり、自分のスキル・知識・経験を活かして新たな価値を生み出す「個人」としての可能性が無限に広がっているということ。

しかし個人としての可能性があまりにも
広がったせいで、
進むべき方向を見失う人が増えているのです。

学歴や生い立ちなどに関係なく誰であっても好きなことをやればやるほど、面白ければ面白いほど評価される時代である一方、

情報や選択肢が多すぎて
自分らしい人生を
見つけにくい時代でもあります。

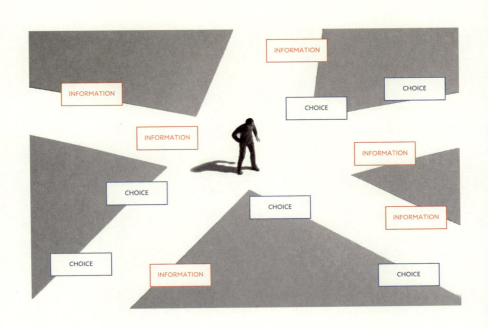

A life a little different from the others.

わたし自身は、周りとは少し違う異色の人生を歩んできました。

美大や専門学校には通わず独学でデザインスキルを身に付け、ありがたいことに10年以上デザイナーとして生活できています。SNSの総フォロワー数60万人以上を誇る日本一のデザインメディア「デザイン研究所」も運営し、本書を含め3冊の本を出版することができました。

またデザイン以外にも、オリジナルTシャツを作って1万枚以上販売、アート作品を作ってコンペティションで入選、テレビ、新聞、ラジオなど多数のメディアに出演。セミナーを開催し総勢1万人以上が受講など、多岐にわたる経験をしてきました。

いろいろなチャレンジをしてきたわたしですが、今「人生って楽しい！」と心から感じることができています。いろいろやってきたからこそ、試行錯誤する中で体系化された「スキルマップ」というツールを生み出すことができたのです。

「スキルマップ」はこれからの時代に不可欠なツールです。時代背景やさまざまな要因によって広がった個人の可能性をどう活かしていくか？　がひと目で分かるように、ありとあらゆる選択肢をわずか2つのカテゴリーと5つのジャンルに分類しています。これまで整理できていなかったあなたらしい生き方が、これらのいずれかに集約されることで見えるようになるということです。

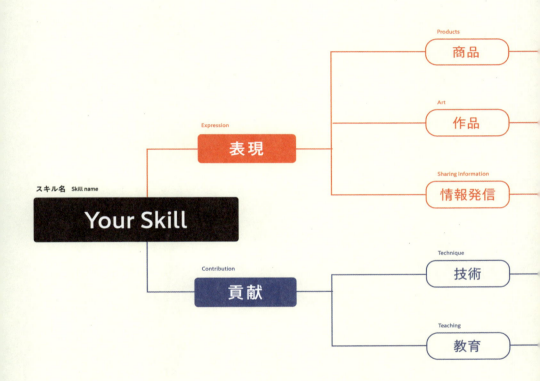

序章　スキルマップとは何か？
What is Skill Map?

第1章　そもそもスキルをどうやって獲得するのか？
How do we acquire the skills in the first place?

第2章　スキルを「表現」する3つの方法
Three ways to "express" your skills

第3章　スキルで「貢献」する2つの方法
Two ways to "contribute" your skills

第4章　スキルマップの作り方
How to create a Skill Map

第5章　スキルマップを効果的に使うための心得
Tips for effective use of Skill Map

本書は左のような構成になっています。

まず序章で「スキルマップとは何か？」を、第1章では「そもそもスキルをどうやって獲得するのか？」を解説。第2章と第3章でスキルマップの各項目について、上手に使う方法も含めて深掘りします。また、第4章でスキルマップの作り方や応用する方法を、第5章では心構えについて解説しています。

すべてを読み終わる頃には、「スキルマップ」を活用して自分自身を振り返り→課題を発見し→解決策（あなたらしい未来）を導くことができるようになっているはずです。

まだスキルを使った活動ができていない方はもちろん、すでに活動しはじめている方にとっても読み応えのある内容となっています。ぜひ実際に頭と手を動かしながら読み進めてください。

Let's start a new adventure with Skill Map.

さぁ、「スキルマップ」を手に取って
新たな冒険を始めましょう。

あなたならではのスキルを信じ、
自分だけの地図を作り上げてください。

あなたの未来は、あなたの手の中に。

この本が、その第一歩を踏み出すきっかけになれば嬉しいです。

2　はじめに

序章：スキルマップは自分らしい人生を手に入れるための地図

32　スキルマップは3つの要素でできている

34　"ちょっとだけ得意"でも「スキル」に入れていい

36　　スキルを整理するための2つのカテゴリー　「表現」と「貢献」

38　　商品は「複製可能」な表現

39　　作品は「複製を制限する」表現

41　　情報発信は「発信に価値がある」表現

42　　技術は「提供する」貢献

43　　教育は「教える」貢献

45　序章まとめ

第1章：成功するスキルを獲得する3ステップ

48　成功するスキルは3要素のかけ合わせ

51　　STEP1.「好きなこと」を見つける

59　　STEP2. 好きなことを得意なことに変える

74　　STEP3. 得意なことを必要とされる形へ

82　第1章まとめ

第2章：スキルを「表現」する3つの方法

86	**表現カテゴリーのジャンル01：商品**

88	商品作りに必要な3設計
89	①コンセプト設計
94	②販売方法の設計
97	③流入経路の設計

109	商品まとめ
110	実在クリエイターのスキルマップ事例01

112	**表現カテゴリーのジャンル02：作品**

114	作品の「質」を高める4つのステップ
117	STEP1. 発想
118	STEP2. リサーチ
119	STEP3. 着想
121	STEP4. ブラッシュアップ

123	作品における3つの「出口」戦略
124	①コンテスト
125	②展示会
126	③SNS・作品投稿サイト

129	作品まとめ
130	実在クリエイターのスキルマップ事例02

21

132	表現カテゴリーのジャンル03：情報発信
134	情報発信が上手くいく「鉄の三ヶ条」
134	STEP1. スキルや環境を活用する
136	STEP2. ネタに困らない状態にする
138	STEP3. ウケが良い形にする
141	コンテンツの4つの表現方法
142	情報発信は「横展開」で効率アップ
147	情報発信まとめ
148	実在クリエイターのスキルマップ事例03

第3章：スキルで「貢献」する2つの方法

152	貢献カテゴリーのジャンル04：技術
154	3つのかけ算で導く「売上アップの方程式」
155	「単価」を上げるコツとタイミング
161	「顧客数」を増やす3つのテクニック
168	「リピート率」を増やす2つのルール
172	仕事の幅を広げる「チーム編成」のすゝめ
173	「一部の組織化」で効率アップ
175	技術まとめ
176	実在クリエイターのスキルマップ事例04

178　貢献カテゴリーのジャンル05：教育

180　教育を始めるタイミングは今

184　教育を構成する5つの要素

184　①期間
185　②提供先
187　③人数
188　④場所
189　⑤教え方

193　教育まとめ

194　実在クリエイターのスキルマップ事例05

第4章：人生をレベルアップするスキルマップ活用術

198　基礎編：自分だけのスキルマップ作成

201　　作ったスキルマップを実行に移そう
204　　作ったスキルマップに別のスキルをかけ合わせよう

207　応用編：最強のかけ算「表現」×「貢献」

211　発展編：世の中を読み解くスキルマップ分析

212　スキルマップ分析の例01

214　スキルマップ分析の例02

216	Column スキルマップ作りの過程を大公開！
222	スキルマップ作りの例
225	第4章まとめ

第5章：スキルマップを効果的に使うための心得

228	立ちふさがる5つの壁
229	①発想の壁
237	②行動の壁
239	③実現の壁
242	④普及の壁
244	⑤継続の壁
251	第5章まとめ
252	実在クリエイターのスキルマップ事例06
254	おわりに

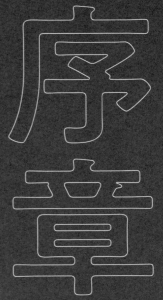

序章

スキルマップは自分らしい人生を手に入れるための地図

Skill Map is a map
to get a life of your own

スキルマップとは何で、どうやって作るものなのか？　詳しい説明に入る前に、「1つのスキルからこんなにもアイデアが広がるんだ」「どんなスキルでも活かす方法を見つけられそう」と感じていただくために、まずはスキルマップの2つの具体例をご覧ください。

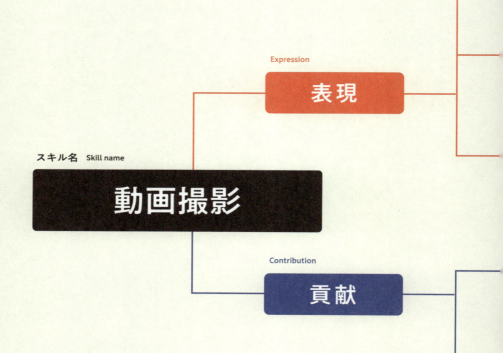

SKILL MAP

スキルマップ例 01　動画撮影の場合

動画撮影というスキルを書き込むことで、「撮影で役立つグッズを作って売ってみる」「動画作品を作ってコンテストに応募してみる」「動画の作り方をYouTubeで発信したり、動画×キャンプのように他のものと組み合わせて投稿したりする」「撮影した動画をストックサイトで販売する」「アニメーション制作ができる人とチームを組んで新しい動画を提案する」「企業向けに広告動画の作り方のセミナーを開いてみる」などの可能性が広がります。

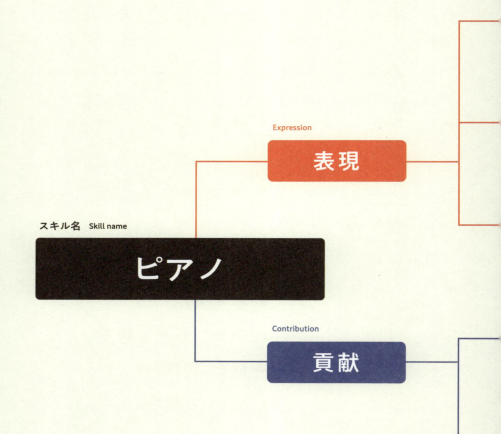

SKILL MAP

スキルマップ例　02　ピアノの場合

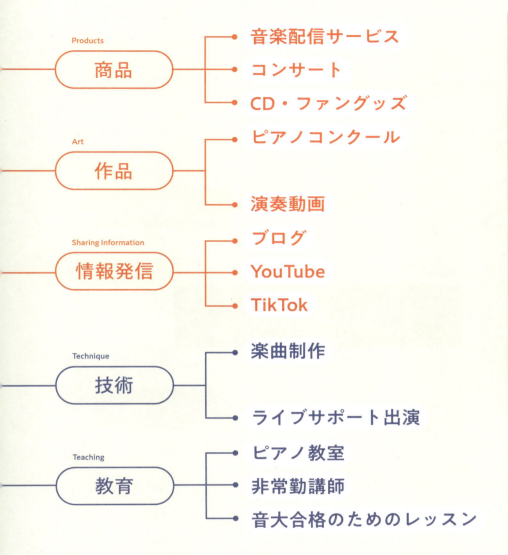

ピアノがスキルである場合も同様に、「オリジナル曲の楽譜を作って、演奏会で販売してみる」「みんなが知っている合唱曲をアレンジしてYouTubeに上げてみる」「ピアノで稼ぎたい人に向けてブログを書く」「歌手のライブにバックバンドとして出演する」「ピアノの先生として○○向けレッスンを行う（小学生向け、保育士向け、音大生向け）」などの可能性が広がります。

スキルマップは
3つの要素でできている

The Skill Map is made up of three elements

「はじめに」で解説したとおり、スキルマップは自分のスキル・知識・経験を活用する際に欠かせないものです。スキルマップに当てはめて考えてみることで、1つのスキルから広がるたくさんのアイデアや可能性を見出し、それを実行するための戦略を立てることができます。

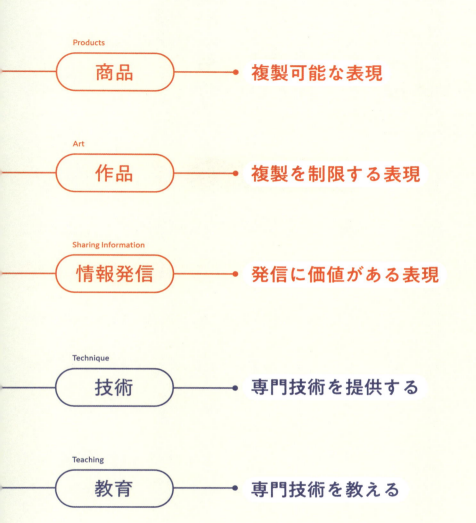

　スキルマップは次の3つの要素で構成されています。①あなたのスキル②2つのカテゴリー：「表現」「貢献」③5つのジャンル：「商品」「作品」「情報発信」「技術」「教育」。この章では、上記の要素についてそれぞれ解説します。まずはそれぞれの要素を理解して、スキルマップを正しく活用するための準備を始めましょう。

"ちょっとだけ得意"でも「スキル」に入れていい

Even being 'just a little good' at something can be counted as a 'skill'

Your Skill

　スキルマップの一番左側にはあなたの「スキル」が入ります。

　スキルの見つけ方は第1章で詳しく解説しますが、
周りの人よりもちょっとだけ得意　　　…(例) ピアノが弾ける
周りの人よりもちょっとだけ詳しい　　…(例) アニメの知識がある
周りの人よりもちょっとだけ上手にできる…(例) 毎日自炊している
　など、他の人と比べて"少しだけでも"秀でていると感じることであれば、その分野のプロでなくても「スキル」に入れてOK。

　あるいは、スキルマップは未来を導くための手段ですので、
好きなもの　　　　　…(例) お菓子を食べるのが好き
興味のあること　　　…(例) テレビで見たけん玉プレイヤー
これから伸ばしたいこと…(例) DIYをやってみたい
　など、まだ獲得していないスキルを入れても構いません。

　他にも、
身体能力　　　　　　…(例) 走るのが速い、早起きが得意
コミュニケーション能力…(例) 聞き上手、人前で緊張しない
性格や考え方　　　　…(例) キレイ好き、ネガティブ
見た目　　　　　　　…(例) ドレッドヘアー、ダイエットに成功
趣味　　　　　　　　…(例) 散歩、映画を見ること
　など、自分の個性も「スキル」として活用できます。

なお、左記の例に挙げた「ネガティブ」のように、自分では短所に感じているようなことであっても「スキル」になり得ます。短所は共感を生みやすく、また「ネガティブ」も「リスク管理能力が高い」のように長所に言い換えることもできるからです。

　最初はできるだけたくさんの「スキル」を書き出しておくことをおすすめします。自分では気づいていないスキルが眠っている可能性も大いにあります。友人やパートナー、同僚など周りの人に聞いてみるのも手です。

> **POINT**
> "ちょっとだけ"上手にできることや
> これから伸ばしたい分野、
> 短所を含む個性までもがスキルになる！

序章　スキルマップは自分らしい人生を手に入れるための地図

スキルを整理するための2つのカテゴリー「表現」と「貢献」

スキルマップは大きく分けて「表現」と「貢献」の2つのカテゴリーに分かれています。

カテゴリー	表現	貢献
概要	自分が作りたいもの、表現したいこと	他者に対して貢献できること、クライアントから依頼を受けて提供するもの
ジャンル	・商品 ・作品 ・情報発信	・技術 ・教育
こんな人におすすめ	・自分らしいセンスや世界観を表現したい人 ・有名になりたい人	・安定した収入を得たい人 ・誰かの役に立ちたい人

　2つのうち貢献カテゴリーは、顧客の望む成果や目的の達成に役立てば報酬を獲得できるため、収入を確保しやすいところがメリット。
　そのため、最初は貢献カテゴリーに属する「技術」や「教育」を中心に提供して土台を築いてから、表現カテゴリーにチャレンジする人が多いです。また企業に勤めている人も、勤めながら表現カテゴリーに個人でチャレンジする人が多いです。

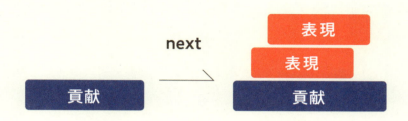

カテゴリーを見分けるときは「主な目的は何か？」で判断します。

自分の考えや心の中にある想いを表す→表現カテゴリー
クライアントや世の中の役に立つ　　→貢献カテゴリー

分類が難しい場合は、そのモノやサービスが次で説明する5つの「ジャンル」のうちどれに当てはまるか？　を考えると分かりやすいです。

(例) 痩せている人のためのプロテイン

貢献	表現
「痩せている人のための」という"貢献"カテゴリーの側面があるけれど……	「プロテイン＝食品」は商品ジャンル

- 痩せている人のためのプロテイン→"プロテイン（食品）"は商品ジャンル→表現カテゴリー
- 情熱的な自己啓発セミナー→"セミナー"は教育ジャンル→貢献カテゴリー

POINT
カテゴリーに迷った時は
①目的で考える②ジャンルで考える

商品は「複製可能」な表現

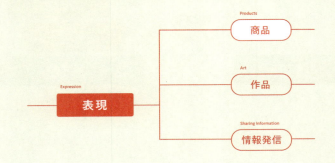

　表現カテゴリーのうち「商品」は、複製可能なものを指します。
　例えば、
・Tシャツ（たくさんプリントできる）
・書籍（部数制限なく刷れる）
・イベント（何度も開催できる）
　などが当てはまります。
　商品は、形ある（触れられる）物体として存在する「有形商品」と、サービスや情報など物体ではない「無形商品」の2種類に分かれています。

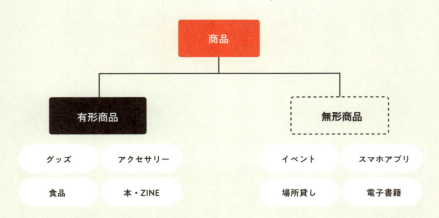

例えば、スキルマップのスキルに「筋トレ」を入れるとしたら、
- 有形商品：オリジナルのプロテイン、トレーニング器具、トレーニングウェア
- 無形商品：筋トレアプリ、マッチョレンタル

などの商品展開が考えられるでしょう。

5つのジャンルの中でも「商品」は種類が多く、アイデアを広げやすいという特徴があります。一方で、ファンがついていなかったり商品設計が不十分だったりすると、たくさん売ることは難しいジャンルです。

> **POINT**
> スキルからアイデアを広げるなら、
> まず「商品」を考えてみる

作品は「複製を制限する」表現

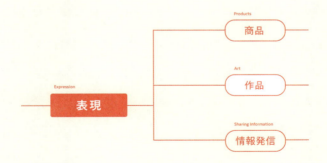

表現カテゴリーのうち「作品」は、複製不可能なもの、あるいは複製を制限したものを指します。この世に1つしかない一点ものや数量限定のグッズです。

例えば、
- 原画

・立体アート作品
・ドローイング
・写真
・動画
・詩
・ハンドメイド作品
・オーダーメイド家具
・NFT（偽造や改ざんができないデジタルデータ）

などの表現方法があります。

5つのジャンルの中でも「作品」は数が限られており希少性が高いため、販売時には商品と比べて価格が高くなる傾向にあります。

混同されやすい「商品」と「作品」の違いをまとめると次のとおりです。

ジャンル	商品	作品
複製・量産の可否	○	×（数に限りがある）
主な目的	商業的な側面が強い	芸術的な側面が強い
メリット	・売上を上げやすく、収入につながりやすい ・豊富な商品展開が考えられる	・芸術性や完成度の高さを追求でき、スキルアップにつながる ・希少性が高く、高値がつくこともある
デメリット	・自分の考えだけでなく他者の需要も意識する必要がある	・大量生産できない ・販売の難易度が高い

＜「作品」と勘違いされやすい「商品」＞

・映画→何度も上映されるから「商品」
・チケット制の展示会→多くの人が来場できるから「商品」

・複製画やプリント作品→エディションナンバー(シリアルナンバー)がないなら「商品」

> **POINT**
> 「作品」は自己表現だけでなく、スキルアップにも活用できる

情報発信は「発信に価値がある」表現

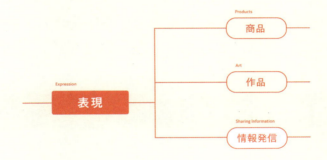

表現カテゴリーのうち「情報発信」は、自分のスキルをコンテンツ(文章・画像・動画・音声など)として表現し、多くの人に届けることを指します。

情報発信の方法	具体例
SNS	X(旧 Twitter)、Instagram、YouTube、TikTok、Pinterest
ブログ・オウンドメディア	note、はてなブログ、Amebaブログ、WordPress、自社サイト
コミュニティ	オンラインサロン、LINE公式アカウント、LINEオープンチャット、メールマガジン

「情報発信」は自分のスキルを表現できる場所です。価値のある発信を続けることで、
・ブランディングになる
・ファンができる
・商品や作品を販売しやすくなる
・技術や教育のお客様が見つかる
　などのメリットがあります。
　また、情報発信におけるコンテンツは、発信後も検索されたり見返されたりと「資産」として蓄積されていく場合があります。最初のうちは直接収益を生むことができなくても、コツコツ続けていれば自分のやりたいこと（稼ぐことを含む）を後押ししてくれる大きな武器となるでしょう。

> **POINT**
> 「情報発信」はスキルマップ全体をブーストしてくれる

技術は「提供する」貢献

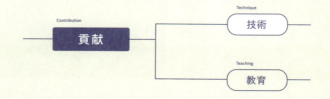

　貢献カテゴリーのうち「技術」は、自分の持つスキルを提供することを指します。「技術」は以下の方法が考えられます。

・依頼を受けて、スキルを使って完成させた制作物を納品
・需要がありそうな素材を作成し、ストックサイトなどで販売
・他の人のスキルとかけ合わせたチームを編成し、幅広い案件を受注

スキル	技術の具体例
動画	・YouTube動画の編集　・イベント動画の撮影 ・ディレクターや広告運用者とのチーム編成
デザイン	・サイトデザイン　・バナー作成　・Web素材の販売 ・コーダーやアニメーターとのチーム編成
料理	・家事代行　・オリジナルメニューの考案 ・料理写真の販売 ・飲食店コンサルタントや空間デザイナーとのチーム編成

POINT
専門的な「技術」を提供して
誰かのお悩みや困りごとを解決する

教育は「教える」貢献

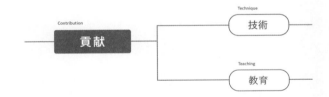

　貢献カテゴリーのうち「教育」は、自分のスキルを他の人に教えることを指します。
・レッスン
・講座
・セミナー
・ワークショップ
・コンサルティング

などを通じて、そのスキルを習得する方法や関連する知識、上手くいくコツを教えます。ひと言で「教育」といってもさまざまな方法が考えられます。

例えば、
(例) スキル：絵を描くこと
・マンツーマンの1dayアート体験教室
・自宅で学べるテキスト＆絵画キット
・動画教材を使うオンラインレッスン
　など、1つのスキルから複数の「教育」を展開できます。
　①期間②提供先③人数④場所⑤教え方を組み合わせて、自分に合った教育カリキュラムを作ることが大切です。

期間	・短期的(単発セミナー、数時間で終わるワークショップなど) ・長期的(複数回のレッスン、数ヶ月契約のコンサルティングなど)
提供先	・個人 ・企業 ・学校
人数	・個別(マンツーマン) ・集団(対複数)
場所	・オフライン(対面) ・オンライン
教え方	・リアルタイム(自分で直接教える) ・コンテンツ(動画やテキストなどを用いて教える)

POINT
1つのスキルからさまざまな「教育」方法が考えられる

序章まとめ

- [ ] スキルマップを活用することで、1つのスキルからたくさんのアイデア・可能性・戦略を生み出せる。

- [ ] スキルマップは「1つのスキル」「2つのカテゴリー」「5つのジャンル」で構成される。

- [ ] 「スキル」には他人より得意なこと、優れているもの、好きなもの、詳しいことを入れる。

- [ ] これから伸ばしたいことや興味のあること、置かれている状況・環境や自分の個性などを「スキル」に入れてもOK。

- [ ] カテゴリーは自分の作りたいもの・やりたいことを主とした「表現」と、他者や世の中の役に立つこと・依頼されるものを主とした「貢献」に分かれる。

- [ ] 表現カテゴリーには「商品」「作品」「情報発信」の3つのジャンルがある。

- [ ] 貢献カテゴリーには「技術」「教育」の2つのジャンルがある。

第1章

成功するスキルを
獲得する
3ステップ

Three steps to obtain
successful skills

成功するスキルは
３要素のかけ合わせ

A successful skill is a combination of three elements

　序章ではスキルマップを構成する各要素を紹介しました。ここからは実践編として、スキルマップの作り方や活用方法を具体的に解説していきます。

　まず第1章では、
「そもそもスキルマップの一番左のスキルが書けない」
「今のスキルではなく新しいスキルを見つけたい」
「より自分らしく生きられる最適なスキルを知りたい」
　という方に向けて、スキルを獲得する方法を伝授します。すでに自分のスキルが明確な方は第1章を飛ばし、第2章から読み進めていただいても構いません。

　さて、序章ではさまざまなスキルの例を挙げましたが、スキルの中でも「上手くいくスキル」の条件は何だと思いますか？

　答えは自分の「好きなこと」と「得意なこと」、そして社会や他人から「必要とされること」の3つの要素のかけ合わせになっていることです。

第1章 成功するスキルを獲得する3ステップ

好きなこと×得意なこと×必要とされること＝上手くいくスキル

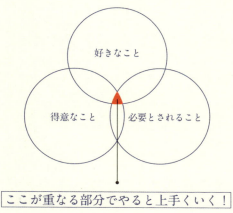

ここが重なる部分でやると上手くいく！

　3つの要素のいずれかが1つでも欠けると、スキルマップを上手く活用できない可能性があります。

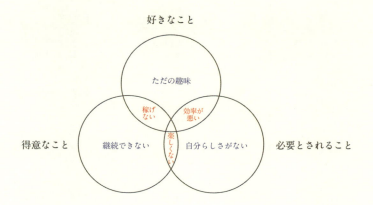

POINT
スキルは「好き」で「得意」で「必要とされる」と
上手くいきやすい

3つの要素をかけ合わせるうえで重要なのは、取りかかる順序です。

STEP1.「好きなこと」を見つける
　　　　↓
STEP2. 見つけた好きなことを「得意なこと」に変える
　　　　↓
STEP3. 好きで得意なことを「必要とされること」に変える

　最初に「得意なこと」や「必要とされること」から考えてしまうと、難易度が高く、選択肢は少なくなり、可能性が狭まってしまいます。「好きなこと」からスタートすれば楽しんでやっているうちに自然と得意になり、需要がある形へと変えていく努力も苦になりません。
　ゆえに上手くいきやすく、3つの要素が重なりやすいのです。

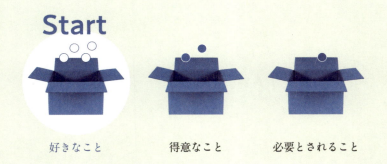

好きなこと　　　　　得意なこと　　　　　必要とされること

STEP1.「好きなこと」を見つける

　はじめに見つけるべきなのは「好きなこと」です。
　スキルを形にしていく中で、最初は「効率の良いやり方が分からない」「お金をかけられない」などの壁にぶつかることもあるでしょう。そんなとき、好きなことなら時間をかけながらスキルアップしていけます。

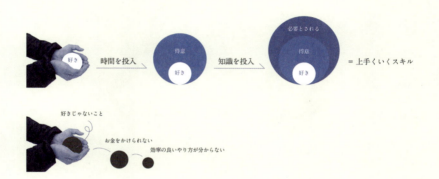

　では、そもそも「好きなこと」とはいったい何でしょう？

・ワクワクすること
・無我夢中になれること
・時間を忘れて没頭できること
・情熱を持って取り組めること
・やっていると幸せを感じること
・自然と好奇心や探究心が湧くこと
・見返りがなくてもやってしまうこと
・人に止められてもやりたくなること

一度本を読む手を止めて、「やっていてワクワクすることは？」「ついつい夢中になってしまうことは？」をそれぞれ書き出してみてください。あらためて考えてみると、意外とたくさん「好きなこと」があるなぁと感じるのではないでしょうか。
　前記に共通するのは、どれも行動の結果から生まれる気づきであるということです。

　「わたしの好きなことって何だろう？」とただ悩んでいるだけで見つかるものではありません。まずは初めてのことをたくさん体験することが大切です。

POINT
行動量を増やして「好き」を増やすべし

―――― 初めてのことをたくさん体験

　「好きなこと」の選択肢は無限に広がっています。「好きなことがない」「見つからない」と悩んでいる方はまだまだ視野が狭く、周りにあるたくさんの選択肢が見えていないだけなので安心してください。

好きなことが見つからない＝体験したことが少ない＝視野が狭い状態
好きなことがたくさんある＝初めての体験をたくさんした＝視野が広い状態

「好きなこと」は自分自身が実際に体験してどう思ったかで決まるものです。食わず嫌いせずにいろいろなことを見て・触れて・体験して視野を広げれば、好きなことが見つかりやすくなります。

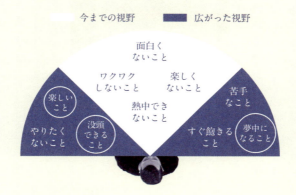

好きなことを見つける行為は、いわゆる「自分探し」の一環です。
自分探しといえば、
・海外留学へいく！
・ヒッチハイクの旅へいく！
・高額なセミナーを受ける！
・スクールに通って学び直す！
などに挑戦する方もいますが、「好きなこと探し」では必ずしもこのような大がかりなことをする必要はありません。

POINT
「初めての体験」で視野は広がる

今の時代、初めてのことはやりたいと思ったその瞬間から30分かからずに、無料〜数千円で取りかかれます。「陶芸　体験」や「デザイン　レッスン」など気になるキーワードで検索すればすぐに見つかりますし、「地方に住んでいて、近くにレッスン教室やアクティビティがない」という方でもオンライン上で簡単に初めての体験をすることは可能です。

はじめの一歩　初めての体験を探して予約してみよう。

Tips

オンラインで「初めての体験」を探す

「何をすればいいか思いつかない」という方は、次のようなWebサービスを覗いてみてください。

・ココナラ
レッスン系も充実している日本最大級のスキルマーケット
・ストアカ
対面orオンラインを選んで習い事やレッスンを探せる
・タイムチケット
幅広いジャンルのスキルや経験を30分単位で購入できる
・Udemy
デザイン・動画編集・プログラミングなどのオンラインコースを受けられる

いろんな講座やレッスンが掲載されているので、1つは「やってみたいかも！」と感じるものがきっと見つかるはずです。

ワクワクしたら「好き」と仮決定

初めての体験をたくさんしていくうちに視野がどんどん広がり、「これはワクワクするな」や「あれはあまり面白くなかった」という気づきが自分の中に蓄積されていきます。体験後は先述した「好きなことの定義」に当てはまるか？　を判断し、当てはまったらSTEP2に進んでください。

STEP 1 「好きなこと」を見つける

初めての体験をする

↓

「好きなこと」の定義に当てはまる？ ← NO

- □ ワクワクする
- □ 無我夢中になれる
- □ 時間を忘れて没頭できる
- □ 情熱を持って取り組める
- □ やっていると幸せ
- □ 自然と好奇心や探究心が湧く
- □ 見返りがなくてもやってしまう
- □ 人に止められてもやりたくなる

↓ YES

STEP 2 「得意なこと」に変える

　この段階では「得意にできるかな？」「世の中に必要とされるかな？」「仕事にできることかな？」など未来のことは考えなくてOK。この先のSTEPに進むうちに「やっぱり面白くなかった」「スキルにはできなそう」と感じたら、再びSTEP1に戻って新たな好きなことを探せばいいだけです。

　STEP1のポイントは初体験×行動量をとにかく増やすこと。「好きかもしれないな」「もうちょっとやってみたい」と思ったことを好きなことである！　と仮決定してみましょう。

仮決定	初体験	仮決定	初体験
初体験	初体験	初体験	初体験
初体験	仮決定	初体験	仮決定

POINT
「好きかも？」の状態でも「好き」と仮決定して進めてみるべし

「好きなことで生きる」
　ここ数年でよく聞く言葉ですよね。昔と比べて生き方が多様化し、他人の生き方がSNSなどを通じて見えるようになったからでしょう。「好きなことを仕事にしています！」と言っている人を羨ましく思うこともあるかもしれません。しかし、実際にはその人の好きなことも単なる仮決定でしかないのです。

なぜ「仮決定」なのか？
・まだ見ぬ「もっと好きなこと」があるかもしれないから
・好きなことは生きているうちにどんどん変化するものだから

57

「好きなこと」とは自分自身の解釈です。無限大の選択肢の中から「いちばん好きなこと」を見つけようとしてもキリがありません。

「わたしには何が合うのだろう？」
「人生を懸けてやるべきことは？」
「生まれてきた意味って？」
　と答えの出ない悩みで時間を消費するよりも、仮決定して先に進むことをおすすめします。
　少し考え方を変えれば、今まで悩んでいたよりもずっと簡単に「好きなこと」は見つかりますよ。

はじめの一歩 体験したことの中から「好きなこと」を仮決定してみよう。

STEP2. 好きなことを得意なことに変える

続いて、仮決定した好きなことを「スキル」として世の中に貢献できる形・役に立つ形＝「得意なこと」に変えていきます。好きなこととの違いが分かりやすいように、「得意なことの定義」も考えてみましょう。

「得意なこと」とは？
・周りから褒められること
・他の人より上手くできること
・苦労を感じずに続けられること
・それほど頑張らずに自然とできること
・つまずくことなくスイスイできること

「好きこそ物の上手なれ」ということわざがありますよね。「好きなことには熱心に取り組めるから、積極的に時間を作ったり勉強したりできるので、早く上達できる」という意味です。

STEP1で「好きなこと」さえ見つかれば、そこにエネルギーを注ぎ込んで得意に変えることはそれほど難しいことではありません。

反対に、「好きじゃないことは興味を持ちにくいので、なかなか上達しない」とも言えます。第1章の冒頭で「取りかかる順序が大切」「好きなことからスタートすべき」とお伝えしたのは、これが理由です。

POINT
スタートが「好きなこと」だと「得意なこと」になりやすい

好きなことを得意なことに変えるための方程式は、「時間×やる気×やり方」。

得意なこと
↑
時間 × やる気 × やり方
好きなこと

　「とにかく時間を費やす」のように、どれか1つの要素に集中するだけでもスキルアップはできるものの、やる気がなかったり、やり方が間違っていたりすると効率が悪いです。3つの要素が掛け算になることで効率的かつスピーディーに達成できます。

――「時間がない」の解決策

　経営学の父と呼ばれるピーター・ドラッカー氏の教えに「成果をあげる者は時間からスタートする」というものがありますが、3つの要素のうち最初に取り組むべきは「時間」の確保です。
　そもそも好きなことを得意なことに変えるための「時間が足りない」という方に向けて、時間を作る3つのコツをご紹介します。

朝の過ごし方を
見直す

効率化できる
ところを探す

捨てられる
時間を探す

①朝の過ごし方を見直す

　1日のうち朝はもっとも他人や環境にコントロールされにくい時間だと言えます。

　昼間は仕事の依頼や急な連絡が入ったり、夜は飲み会や遊びに誘われたりと予定外の出来事が起こりやすいです。「思ったより仕事が長引いて……」「たまたま面白そうなテレビ番組がやっていて……」などの理由から、やるべきことを後回しにしてしまうことも少なくありません。

他人や環境に
コントロールされにくい

仕事の依頼や急な
連絡が入りやすい

予定外の出来事が
起こりやすい

　周りに左右されにくい朝こそ、「好きなこと」を「得意なこと」に変えるための勉強や練習をやるべきです。

POINT
スキルアップに取り組むなら、昼や夜ではなく「朝」！

第1章　成功するスキルを獲得する3ステップ

さて、あなたは物事の優先順位を判断するための有名なタスク管理法「時間管理マトリックス」をご存知でしょうか？　タスクを重要度と緊急度の2軸で分類し、本当にやるべきことを判断するための手法です。

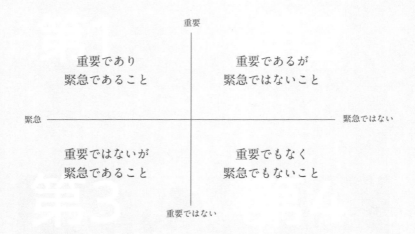

　上記4つの領域の中で、将来の成果や価値を生む「第2領域：重要であるが緊急ではないこと」は後回しになりがちな領域です。好きなことを得意なことに変えるための勉強や練習はこの「第2領域」に当てはまります。

朝…「第2領域」を実行するのに最適な時間帯○
昼…「第1領域」や「第3領域」が急に予定に入ってくる×
夜…ついつい「第4領域」をやってしまう×

　朝起きられるか心配な方は「1日の始まりは朝起きる時間ではなく夜寝る時間である」と考えてみてください。起床時間だけでなく就寝時間を決めて1日をスタートすることで、朝の時間をコントロールできるようになります。

第1章 成功するスキルを獲得する3ステップ

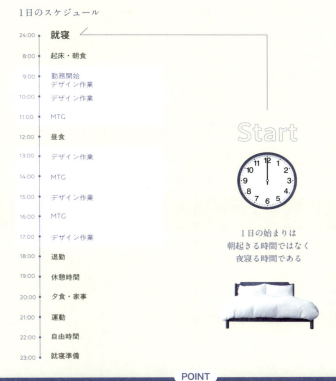

1日のスケジュール

- 24:00 就寝
- 8:00 起床・朝食
- 9:00 勤務開始 デザイン作業
- 10:00 デザイン作業
- 11:00 MTG
- 12:00 昼食
- 13:00 デザイン作業
- 14:00 MTG
- 15:00 デザイン作業
- 16:00 MTG
- 17:00 デザイン作業
- 18:00 退勤
- 19:00 休憩時間
- 20:00 夕食・家事
- 21:00 運動
- 22:00 自由時間
- 23:00 就寝準備

1日の始まりは朝起きる時間ではなく夜寝る時間である

POINT
1日の始まりは夜である

　貴重な朝の時間を有効活用するためのもう1つのテクニックが、朝やることをルーティン化すること。
　起床直後は「睡眠慣性」と呼ばれる現象により、眠気が残りぼんやりした状態がしばらく続きます。しかし、まだ脳が覚醒していないときでもルーティン化している=何をすべきか分かっている状態であればすぐに取りかかれます。

　はじめの一歩　就寝時間と朝のルーティンを決めてみよう。

②効率化できるところを探す ～意外と時間は作れる～

　いつもの作業や行動を効率化することで、これまでかかっていた時間を短縮し、空いた時間を別のことに使えるようになります。
　今オフラインでやっている仕事をオンラインに切り替えたり、自分でやっている作業を外注したり。あるいは、仕事だけでなく家事や住環境を見直して、毎日の生活を効率化することも可能です。

　例えば、次のような効率化が考えられます。

これまで	効率化の方法	短縮できる時間
対面で打ち合わせする	Zoomで打ち合わせ	移動や準備の時間
自分で確定申告	税理士に依頼	税務処理の時間
毎日自炊する	週に何度か出前を頼む	調理時間
掃除機をかける	ロボット掃除機	掃除の時間
郊外に住んでいる	職場の近くに引っ越す	通勤時間
最寄り駅は各駅停車しか停まらない	急行や快速電車が停まる最寄り駅を選ぶ	通勤時間
駅から徒歩15分の家	駅から徒歩5分の家	通勤時間

　また、効率化を目指すうえで「まとまった時間（＝数時間ほど連続した時間）」と「すきま時間（＝10分前後のちょっとした時間）」の使い分けも大切です。

・まとまった時間→「一気にやり遂げたいこと」や「集中力が必要な作業」
・すきま時間→「小さなタスク」や「集中しなくてもできること」

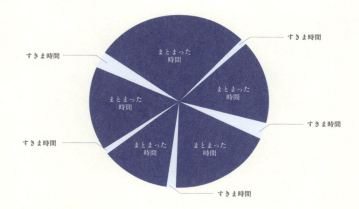

（例）好きなこと：裁縫
- まとまった時間→材料を買い出し、作品を作る
- すきま時間→ステッチを練習、参考デザインを探す、洋裁本を読む

　1日のうち自由に使うことができる時間は平均で約6時間20分[※1]にのぼると言われており、そのうち「すきま時間」だけでも合計するとなんと平均で1時間9分[※2]あると言われています。
- 仕事の休憩中
- 電車に乗っているとき
- 人を待っているとき
- 順番待ちをしているとき

　といった手持ち無沙汰な時間に加え、
- 入浴中
- 散歩中
- トレーニング中

　などの「ながら作業」ができそうな時間も、「すきま時間」として活用できます。

POINT
すきま時間の活用で効率アップ

※1 総務省の平成28年社会生活基本調査
※2 2014年パナソニック株式会社の調査

Tips 本を受動的ではなく、主体的に読む

　すきま時間の活用方法の1つが、スキルを深めるための読書です。スキルアップを目指そうと思ったとき、いきなり高額なレッスンを受けようとしたり、高い教材を買ったりする方もいますが、最初はすきま時間の読書から始めることをおすすめします。

　本は1冊あたり1,000～2,000円ほどで購入できます。ランチやカフェを1回我慢すれば買える金額で、成功した人のノウハウや考え方を知ることができる高コスパ教材。読書は、インターネットでは手に入らないような良質で、より具体的な情報を得ることができる手段なのです。

　本を読めば読むほど知識として蓄積されていき、自分の資産になります。また「文字だと頭にあまり入ってこない（記憶できない）」という方でも、読書で何か気づきを得ることによって新たな行動を起こすきっかけになるはずです。
　むしろ、「読書→知識（インプット）」で終わらせず、ぜひ「読書→知識→アイデア→行動（アウトプット）」となるように本を活用してほしいと思っています。本に書いてあることをただ受動的に読むだけでなく、自分ごとに置き換えて能動的に読み進めることで、「自分だったらどう応用できるか？」を考えられるようになるでしょう。

　わたし自身、アルバイトの通勤中や人を待っている時間、ごはんを食べている間などあらゆるすきま時間を読書に費やして

きました。忙しい方でもすきま時間を活用するだけで、十分な読書の時間を確保できますよ。

> **POINT**
> 遠足は家に帰るまでが遠足、読書は行動するまでが読書

③捨てられる時間を探す ～捨てないと得られない～

「進撃の巨人」のセリフやスティーブ・ジョブズの名言としても知られる「何かを捨てないと前に進めない」という言葉をご存知でしょうか。
　朝の過ごし方を見直し、効率化できるところを探してもなお時間がない場合、時間を浪費してしまっている行動を捨てる必要があるでしょう。

　捨てるべき行動とは、先ほど紹介した時間管理マトリックスのうち「第3領域」と「第4領域」に当てはまります。

第3領域「重要ではないが緊急であること」
…（例）突然かかってきた電話、無意味な打ち合わせ、効果のない接待・会食、急に依頼された仕事

第4領域「重要でもなく緊急でもないこと」
…（例）暇つぶしのスマホゲーム、世間話・うわさ話、長時間の息抜き、何もしていないすきま時間

1日のスケジュールを細かく書き出して時間の使い方を可視化し、前記のような捨てられる時間がないかチェックしてみましょう。

	時間の使い方	改善可能な時間
7:00	起床	6時に起きて会社の仕事ではない自分の仕事を1時間
7:30	朝食	
8:00	家を出る	通勤時間にスキルを高めるための本を読む
9:00	出社	
10:00	仕事(午前)	
11:00	仕事(午前)	
12:00	昼食	早めに済ませて自分の仕事をする
13:00	仕事(午後)	
〜	〜	
18:00	仕事(午後)	
19:00	退勤	通勤時間にスキルを高めるための本を読む
20:00	夕食	
21:00	TV or YouTube	夕食後から風呂までの時間は集中的に自分の仕事をする
22:00	スマホ	
23:00	風呂	
24:00	スマホ	寝る前のスマホをやめて1時間早く寝るそのためにスマホは寝室と別の場所に置く
25:00	就寝	

やるべきことを絞って第2領域「重要であるが緊急ではないこと」に使う時間を2倍、3倍……と増やすことができれば、スキルが伸びるスピードも比例して2倍、3倍……になっていきます。

POINT
無駄な時間を捨て、スキルを得る時間に変える

「1日24時間」はどんな人にも平等に与えられているものです。しかし、使い方やその成果は平等ではありません。
　今ある何かを捨てて、「好きなこと」を「得意なこと」に変えるための時間の使い方へと切り替える必要があります。

> **はじめの一歩**　今日の行動を振り返り、捨てることを決めてみよう。

最も難しい「やる気」の出し方

　時間×やる気×やり方の3つの要素の中で最も難しいのが、「やる気」を出すことです。

　やる気を出す方法をインターネットで検索してみると、
・自分にご褒美をあげる
・作業する場所を変える
・ストレッチをしてみる

第1章　成功するスキルを獲得する3ステップ

・テンションの上がる音楽をかける
・モチベーションの高い人と過ごす

　など、さまざまなテクニックが紹介されていますが、やる気が落ちてしまうほとんどの原因は成果不足にあります。

　小さくてもいいので成果を出し続けることで自分の成長を感じ取れるようになり、やる気アップへとつながります。

　ここでいう成果とは「大型案件が決まった」「月収が5万円アップした」「社内表彰を受けた」のような大きな成果でなくてもOK。「イメージしたとおりのものが作れた」「先週まで知らなかった用語を説明できるようになった」「新しい仕事の相談が来た」など"良い結果"であれば何でも構いません。

> **POINT**
> **小さな成果がやる気につながる**

やる気を出すうえで大切なのは、他人との比較ではなく過去の自分との比較から成果を感じ取ること。

SNS上にあふれる「○○ができた」「○円稼いだ」のような他人の成果報告を見て、「わたしも頑張ろう！」とプラスに捉えられるならよいのですが、「この人と比べたら成長できたとは言えないな……」とマイナスに捉えてしまう方は要注意。自己肯定感もやる気も低下します。

他の誰かではなく過去の自分自身と比べて成長したことを「成果」とみなし、小さな成果を積み重ねて楽しみながらスキルアップしていきましょう。

成果を感じ取りやすくするためのテクニックとして、
・毎月の成果をExcelやスプレッドシートにまとめる
・大きな目標を細分化して小さな目標を立てる
・ほめ日記（自分で自分をほめる日記）をつける
・ToDoリストを作り、完了したら横線を入れて消す
　などの方法も効果的です。

はじめの一歩　今日できたことや新しく学んだことを思い返してみよう。

第1章　成功するスキルを獲得する3ステップ

正しい「やり方」を知る方法

　新しいスキルを身につけたいとき、自己流でスタートすると習得までに人一倍時間がかかってしまいます。なかなか成果が出ずにやる気が低下し、さらに時間がかかる……という悪循環に陥ってしまうケースも。

　自分が持っている限られた知識や経験のみに頼るよりも、すでに成功している人のやり方を参考にするほうが合理的です。

・本を読む
・SNSで情報収集する
・セミナーに参加する
・詳しい人に聞いてみる
・オンラインサロンに入る
　など、方法はたくさんあります。

　中でも効率的にやり方を学ぶ方法は、自分が求めているスキルを持っている人や結果を出している人を見つけてよく観察し、分析して真似をすること。コツは「葉を見る→木を見る→森を見る」です。

	意味	考えるべきこと	例：デザインを学ぶ場合
葉を見る	小さな範囲で要素を発見する	・何が？（What） ・どのようになっている？（How）	文字の色がグラデーションになっている
木を見る	その要素を深掘りして考える	・なぜそうなっている？（Why）	デザインがリッチに見える
森を見る	法則化して真似する	・どんなシーンや時期に？（When） ・どんな場所や媒体で？（Where） ・どんな人物やターゲット？（Who）	高級感を出したいときはグラデーションを使う

POINT
**葉を見て、木を見て、森を見れば
正しい「やり方」が見つかる**

　このように上手くいっている人のやり方を言語化して法則化してみるところから始めます。自分なりの考えやアレンジを加えるのは、法則化したやり方を完全に再現できる程度のスキルが身についてからにしましょう。

　スキルアップの過程で誰かの真似をすることは、決して卑怯なことではありません。スキルや知識を効率的に身につける手段の1つです。

はじめの一歩　「葉を見る→木を見る→森を見る」を実践してみよう。

STEP3. 得意なことを必要とされる形へ

　好きなことや得意なことであっても、必要とされることでなければ仕事としてお金を稼いだり有名になったりすることはできません。
　自分自身のスキルでお金や影響力といった報酬を得たいなら、人から求められる（需要を叶える）形へと変化させる必要があります。

「必要とされること」とは？
・周りから頼まれること
・やると感謝されること
・人の役に立てること

「必要とされること」と聞くと難しく感じるかもしれませんが、次の「三種の神器」を手にするだけで、人から求められる形へと簡単に変えることができます。

必要とされること

【三種の神器】
・自信を持つ
・肩書きを名乗る
・値段をつける

得意なこと

時間 × やる気 × やり方

好きなこと

必要とされるための三種の神器

「好きなこと」を「得意なこと」に変えられたとしても、さらに「必要とされること」へと変えるステップでつまずいてしまう方が少なくありません。これは、次のような勘違いをしているからです。

よくある勘違い	必要とされるためには
自分にはまだできることがない	自分を過小評価しない！ → 自信を持つ
初心者だから名乗っちゃダメ	まず名乗るところから始めてOK！ → 肩書きを名乗る
すぐに値段をつけちゃダメ	お金を受け取ることを恐れない → 値段をつける

「三種の神器」によって必要とされる形を目指しましょう。それぞれ1つずつ解説します。

①自信を持つ 〜目の前の人の1番であればいい〜

　三種の神器のうち最初に手に入れるべきなのは「自信」です。

「まだそんなレベルじゃない」
「まだ名乗れるほどじゃない」
「まだお金を受け取れない」

　そんな「まだ」かどうかを決めるのはスキルを受け取る相手であって、自分ではありません。スキルレベルが上の人を見て躊躇していては、世界で1番になるまで動き出せないことになってしまいます。

世界で1番でなくとも、あなたの目の前にいる人にとって1番であればOK。スキルを習得して1ヶ月しか経っていない人でも、そのスキルを持っていない人になら教えられることや作ってあげられるものがあるはずですよね。
　スキルアップを重ねてたどり着いた今のレベルは自分の中の最高地点であることを認識して自信を持ちましょう。

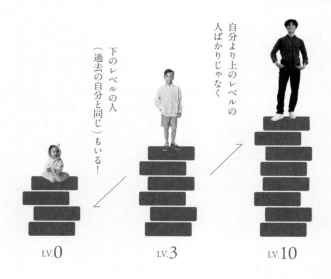

POINT
目の前にいる人にとっての1番でOK

　自信を持つためのコツは、矢印を自分ではなく相手へ向けること。目の前にいる人のためにスキルを高めることに集中すれば、自信のなさはいつの間にか消えていきます。相手の役に立つために努力をする→努力をするとスキルが身につき、名乗れる、値段をつけられる→そのスキルによって喜んでもらえる→自信がさらにつく……のポジティブなサイクルを目指しましょう。

第1章 成功するスキルを獲得する3ステップ

> はじめの一歩　誰のためにスキルを高めたいのか思い描いてみよう

②肩書きを名乗る　〜自分のスキルを自然に伝える〜

　自分が提供できるスキルや学んでいるスキルは積極的に周りに伝えましょう。

　「わたしはデザイナーです」「バナー制作やサイトのデザインができます」のように自分の肩書きを名乗ることは、「得意なこと」を「必要とされること」へと変化させるうえで欠かせません。肩書きを名乗らない人は、看板やメニューが用意されていない飲食店と同じです。

77

> **POINT**
> 肩書きがないとそもそも見つけてもらえない

　例えば次のような方法で自分ができることについて発信し、「あなた＝○○ができる人」の認識を広げてください。

・最近身につけたスキルを家族に自慢する
・学んでいることを友達に話してみる
・クライアントに新しいメニューを提案する
・仕事仲間にやってみたい仕事を伝える
・肩書きを記載した名刺を作って渡す
・SNSのプロフィールに肩書きを追記する
・作ったものをSNSに投稿する

　肩書きを名乗るときのポイントは3つです。

成果物を見せながら名乗る

継続的に発信する

肩書きの名乗り方を試行錯誤する

①成果物を見せながら名乗る

　できることを言葉や文字で伝えるだけだと「口だけの人」だと思われてしまうことも。作ったものや練習している様子などを実際に見せる、あるいは写真や動画を載せることで説得力が増します。

②継続的に発信する

　人は接触回数の多いものに対して好感度や評価が高まる傾向にあります（＝単純接触効果）。CMで何度も目にするお菓子をコンビニで見つけたときに「最近よく見るやつだ、買ってみよう！」と感じる心理と同じです。

「今回は仕事で○○をやりました」「今日は○○を作ってみました」と発信し続けることで、必要になったときにあなたのことを思い出してくれる確率が上がります。

③肩書きの名乗り方を試行錯誤する

　「グラフィックデザイン」というスキルがあるとします。そのまま「グラフィックデザイナー」と名乗るよりも、「名刺デザイナー」や「パッケージデザイナー」のように具体的にできることを名乗るほうが依頼が増える場合があります。自分のスキルを細分化して、名乗る肩書きを柔軟に調整することも可能です。

例えば「名刺デザイナー」と肩書きを限定することで、グラフィックデザイン全体のスキルが不足していたとしても、「名刺デザイン」のみに特化してスキルを高められます。効率的にスキルアップして、最速で表現・貢献活動を始めたい方にもおすすめの方法です。

はじめの一歩 自分ができることについて5人以上に伝えてみよう。

③値段をつける　〜無料と100円じゃ大違い〜

　肩書きを名乗ると同時に、自分のスキル提供に対して値段をつけてみましょう。

（例）スキル：食べ歩き

①各エリアの飲食店を調べたり実際に行ったりして、他の人より詳しくなる。
　　　↓
②「週7で都内の飲食店を食べ歩きしてます」と名乗る。
　SNSで「都内のコスパ最強居酒屋ランキング」「デートに使える隠れ家風レストラン○選」などおすすめの飲食店を紹介する。
　　　↓
③「要望に沿った都内のレストランを100円で提案します」と有料で募集してみる。

　あなたの肩書きや日頃の発信を見て依頼してくる人は、無料・有料に関係なくある程度のクオリティや成果を期待しています。

第1章 成功するスキルを獲得する3ステップ

　無料で依頼を引き受けてしまうと、「どうせ無料だし」と無意識に手を抜いてしまい、期待を裏切る結果になることも。せっかく声をかけてもらえても今後につなげることができません。それどころか、信用を失ってしまう恐れもあります。

> **POINT**
> **値段がないと「まあ無料だし」と甘くなりがち**

　値段をつけると……
「その値段に相応しい仕事をしよう！」→責任感を持って取り組める→期待に応えられる
「がっかりされたくない！」→その値段に見合うスキルを手に入れるための努力をする→成長にもつながる

　このように、自然と値段に見合う行動をとることができるのです。無料で仕事をするのと、100円など安価であっても対価をもらって仕事をするのとでは大きく異なります。

　最初はワンコインなど安価な提案からスタートしても構いません。500円→1,000円→2,000円→……と値段を上げていけるように、スキルアップし続けることが大切です。
　このように自分で値段をコントロールできるところも個人クリエイターならではの強みになります。

> 参照　単価の上げ方　P.155へ

> はじめの一歩　値段表を作ってみよう。

第1章まとめ

- [ ] 成功するスキル＝好きなこと×得意なこと×必要とされること。

- [ ] 3つの要素をかけ合わせるなら「好きなこと」を探すところから始める。

- [ ] 初めてのことをたくさん経験すると「好きなこと」が見つかりやすい。

- [ ] ワクワクしたことを「好きなこと」であると仮決定してOK！

- [ ] 時間×やる気×やり方の掛け算で、効率よく「好きなこと」を「得意なこと」に変えていける。

- [ ] 朝の過ごし方を見直し、効率化できる作業、捨てられる行動を探せば時間を作れる。

第1章 成功するスキルを獲得する3ステップ

- [ ] 小さな成果を積み重ねることで、自己肯定感ややる気の向上につながる。

- [ ] スキルアップの近道は、すでに成功している人のやり方を真似すること。

- [ ] 三種の神器（①自信を持つ②肩書きを名乗る③値段をつける）を手に入れて、「得意なこと」を「必要とされること」に変える。

- [ ] 「目の前にいる人にとっての1番」を目指せば自信がつく。

- [ ] スキルが伝わる肩書きを継続的に名乗ることで、依頼をもらえる可能性が上がる。

- [ ] スキルに値段をつけると責任感や成長につながる。

スキルを
「表現」する
３つの方法

Three ways to
"express" your skills

第２章

表現カテゴリーのジャンル

商品 Products

> **おさらい**
> - **商品＝複製可能なもの**
> - 「有形商品」と「無形商品」の2種類がある。
> - 種類が多く、アイデアを広げやすい。
> - たくさん販売するためにはファンの獲得や十分な商品設計が必要。

Cookie
Plant
Drink
Protein
Bag
Training wear
Smartphone case

ZINE

Fragrance

Event ticket

Hoody

T-shirt

第2章 スキルを「表現」する3つの方法

商品作りに必要な3設計
The three designs essential for product creation

「商品を設計してください」と言われたら、あなたなら何から決めていきますか？

例えば「Tシャツ」を作るとすると、

・サイズ
・色やデザイン
・生地の種類
・生地の厚さ（オンス）
・生地のメーカー
・プリント業者

などの項目を考える必要がありますよね。

しかし、作った商品をたくさんの人に届けたいなら上記のような項目、いわゆる「商品スペック」を決めるだけでは不十分です。どれだけ商品スペックが優れていても、商品を作る技術が高くても、「コンセプト」「販売方法」「流入経路」の3つを設計できていなければ売上は伸びにくいでしょう。

＜売れる商品作りに必要な3つの設計＞
①コンセプト設計…「見せ方」を決める
②販売方法の設計…「売り方」を決める
③流入経路の設計…「広め方」を決める

そもそも企業ではなく個人が作る商品は、スペックの高さや商品作りの技術のみで評価されることは難しいです。逆に上記の3つを設計できていれば、より販売が簡単になります。

①コンセプト設計

　かつてはスペックの高い商品が求められており、技術力で勝った企業やクリエイターの商品が売れる時代でした。しかし、モノがあふれる現代社会において商品の性能や技術力の差ではなく、「他の商品とどう違うのか？」、つまり「商品の意味」が求められる時代になっています。

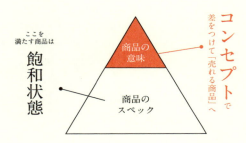

　「商品の意味」は「商品のコンセプト」とも言い換えられます。コンセプトとは、商品を手に取りやすくするための「見せ方」です。
　つまりコンセプト設計とは、自分がその商品を通じて表現したいこと（作る目的）を、第三者目線で「欲しい！」と思える状態に整えてあげる作業を指します。

コンセプトの作り方

　コンセプト作りでは、マーケティング戦略や事業計画の策定に用いられる有名なフレームワーク「3C分析」を応用します。
　3Cとは「Customer（市場・顧客）」「Competitor（競合）」「Company（自社）」の3つの頭文字をとったものですが、この本ではCompanyを「Creator（自分）」に置き換え、
・Customer：市場・顧客…市場の規模や消費人口（需要）
・Competitor：競合…同じ市場にいるライバル
・Creator：自分…これまで培ってきたスキル
の3要素が重なる部分でのコンセプト作りを行います。

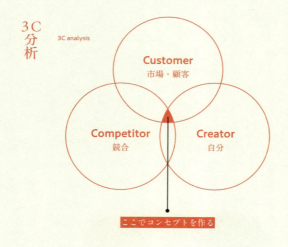

　つまり、商品が売れる市場があり、競合とは違う価値を体現でき、自分のスキルを活用できるコンセプトであることが重要です。

　「ライバルのいない市場で戦いたい！」と考える方もいるかもしれません。しかし、ライバルがいない＝そもそも需要がない可能性もあり、商品を売る難易度が高くなってしまいます。

ライバルがいる市場＝すでに需要のある市場で、他にはない自分らしい価値を加えることを目指しましょう。

> **POINT**
> **商品のコンセプトは3Cに沿って考えるべし**

＜3Cに沿ったコンセプト作りの手順＞
①スキルの選定…自分が持っている何のスキルを商品にする？
②ニーズの確認…世の中（市場・顧客）から求められているか？
③競合の調査…市場にいるライバルの共通点や常識は？

　③では1つの競合だけを見て差別化するのではなく、市場にいるいくつかの競合をしっかりとリサーチしましょう。その市場や商品において「常識」とされている考えや共通点を導き、自分の商品との違いを明確にします。

　実際にわたしが過去に制作した商品について、上記の3ステップに沿って解説します。

　なお、次のページに示した図表内の「②ニーズの確認」では市場規模や割合に触れていますが、スキルマップの場合は企業で行うような厳密な3C分析と違い、必ずしもここまで具体的な調査を行う必要はありません。

　普段生活する中で「このジャンルの商品をよく見かける」「界隈で活躍している人がいる」と肌感覚でニーズがあることを確認できればOKです。まったく需要のない分野で商品を作っても販売が難しいため、そもそも世の中から必要とされている商品を作るためのステップになります。

例	書籍	衣料品
①スキルの選定	グラフィックを中心としたデザイン	
②ニーズの確認	書籍の市場規模は6194億円（2023年時点）。また、デザイナーは全人口の推定約0.18%を占めることから、デザイン本にも数億円規模の市場があると考えられる。	アパレルの市場規模は約8兆円（2022年時点）。中でも老若男女を問わず着用されるTシャツの需要があることは間違いない。
③競合の調査	・デザインの基本原則を扱った本 ・デザインソフトの操作方法に関する本 ・装飾やカテゴリー別にデザインをまとめた本 ・ロゴや余白など特定のデザインに特化した本	・プリントがおしゃれなTシャツ ・シルエットがユニークなTシャツ ・着心地の良いTシャツ ・生地にこだわったTシャツ
	↓ 他にはない自分らしい価値 ↓	
コンセプト	「デザインの見方」に特化したデザイン本	ゆとり世代で最後の平成を楽しめるTシャツ
コンセプトに基づいた商品作り	・タイトルのロゴに目のイラストを加える ・初心者の視点とデザイナー視点を比較する図を帯に入れる	・胸元に平成の期間を表す「1989-2019」をプリント ・L～XXXLのみのサイズ展開でゆとりを表現 ・Tシャツを購入すると写真展に参加できる

はじめの一歩　「3C分析」を用いて、作りたい商品のコンセプトを考えてみよう。

Tips オリジナルアイテムを作るなら「ココナラ」+「SUZURI」

第2章 スキルを「表現」する3つの方法

　商品のコンセプト設計ができたら、ぜひお試しで自分用のグッズ作りにチャレンジしてみてください。

コンセプト設計
＋
商品の各項目決め
＞
デザイン作成
ココナラがおすすめ
https://coconala.com/
＞
製造
SUZURIがおすすめ
https://suzuri.jp

「イメージはあるけど自分でデザインできない」という方はプロのデザイナーに依頼しましょう。周りにデザイナーがいないなら、いろんなジャンルの依頼ができる「ココナラ」というサイトで探すのが簡単でおすすめです。
「Tシャツ　デザイン」「ロゴ　デザイン」「パッケージ　デザイン」などの検索キーワードを入れると、サービス内容や依頼費用が一覧で表示されます。

　デザインした商品を実際に製造する際は、ものづくり工場や業者に依頼する方法もありますが、気軽に始めるなら「SUZURI」というサービスがおすすめ。イラストや写真をアップロードするだけで、オリジナルグッズを簡単に作成できます。
　作れるアイテムはTシャツ、エコバッグ、マグカップ、アクリルスタンドなどさまざま。商品の製造だけでなく、販売・注文受付から発送までしてくれる便利なサービスです。

②販売方法の設計

「売れる商品作りに必要な3設計」の2つ目は、販売方法の設計です。商品を手に取る人を増やすための「売り方」を決めます。

　販売方法に含まれる要素は主に3つ。販売する「場所」「期間」「数量」です。

　上記のうち販売する「場所」は①実店舗②オンラインの2パターンに分けられます。

①実店舗	②オンライン
・自分の店舗で売る ・他社の店舗に並べてもらう（委託販売） ・小売業者に買い取ってもらう（卸売） ・ポップアップストアを出店する ・イベントに出店する	・自分のECサイトで売る ・ECモールで売る ・ハンドメイド販売サイトで売る ・フリマアプリに出品する ・クラウドファンディングのリターンに設定する

　商品販売が未経験の方には、ハードルの低い②オンライン販売から始めるのがおすすめ。オンラインで販売して軌道に乗ってから、①実店舗販売に挑戦するのがよいでしょう。

　もちろん、①②同時にチャレンジして自分に向いている方法を見極めてもOKです。特にイベント出店などはスタートにおすすめです。

　はじめの一歩　ネットショップを無料で開設してみよう。

Tips オンラインで商品を売る方法はさまざま

　自分のオリジナルECサイトで商品を売りたいなら、専門知識がなくても簡単にネットショップを開設できる「Shopify」「BASE」「STORES」などのサービスがおすすめです。デザインテンプレートが豊富で、カスタマイズして自分らしいサイトを作ることができます。

　集客に自信がないなら、「Amazon」「楽天市場」「Yahoo!ショッピング」など利用者の多い大手ECモールに出品するやり方もあります。

　より手軽に出品したいなら、「minne」「Creema」などのハンドメイド販売サイトや、「メルカリ」「楽天ラクマ」といったフリマアプリに出品する手もあります。

希少性を出す「売り方」のコツ

　販売方法の設計において売上を伸ばすコツは「希少性」を高めることです。人はなかなか手に入らないものに価値を感じる傾向にあります（＝希少性の原理）。
　特筆すべきは、希少性は商品の作り手がコントロールできるという点。販売方法に含まれる３つの要素のうち販売する「期間」や「数量」を制限するだけで、実は誰でも簡単に希少価値を作り出せるのです。

> **POINT**
> **希少性は商品の作り手が自由にコントロールできるもの**

・販売期間を制限する…（例）3日間限定で販売する、一定期間内に注文された分だけ販売する（受注販売）
・販売数を制限する…（例）1週間10個限定で販売する

　このように販売期間や販売数を制限することで、「今日まで！」「あと1時間！」「残り1つ！」のような強い訴求ができるようになり、購入を後押しできます。また、受注販売には在庫リスクを抑え、販売数を最大化するメリットもあります。

期間や数量の制限	販売数	希少性	商品の魅力	価格
なし	多↑	低↓	低↓	上げにくい
あり	少↓	高↑	高↑	上げやすい

　個人のクリエイターにとって価格の低い商品を大量に販売することはとても難しいです。あえて期間や数量を絞って希少性を高めることで商品をより魅力的に見せることができ、購買ニーズや価格もアップしやすくなります。
　希少性を出す販売方法を上手に取り入れて、ブランド価値を高めましょう。

はじめの一歩　商品の希少性を高めるための販売方法を考えてみよう。

③流入経路の設計

　いくら商品のコンセプトが魅力的でも、希少性を高める販売方法を取り入れても、認知されなければ購入されません。商品を作って終わり……ではなく、作ってからが勝負です。
　「売れる商品作りに必要な3設計」の3つ目は、流入経路の設計。作った商品を知ってもらうための「広め方」を考えます。
　流入経路とは、「何を見て商品を知ったか？」という"接点"のこと。接点が多いほど集客しやすく、売上を伸ばすきっかけになります。人は何度も見るものに好感を抱く傾向があるからです（＝単純接触効果）。

　いろんな流入経路を設計して、「商品を知るきっかけ」を作ってあげましょう。
　面白いコンセプトを作ったうえで流入経路を確保できていれば、テレビや雑誌などのメディアに取り上げられる可能性も高まります。

> **POINT**
> さまざまな流入経路を作り、接触回数を増やすべし

主な流入経路は次の6つです。六大流入経路の中から複数のアプローチを取り入れてみてください。

＜六大流入経路＞
①SNS
②検索
③プレスリリース
④広告
⑤紹介
⑥出店

なお、流入経路の設計は「商品」以外に「作品」や、貢献カテゴリーの「技術」や「教育」においてもマストです。

①SNS

六大流入経路の中で最も取りかかりやすいのが「SNS」です。

・X
・Instagram
・YouTube
・Facebook
・TikTok　など

これらのSNSは無料で利用でき、他の流入経路よりも情報が拡散されやすいという特徴があります。上手く活用すれば、商品・ブランドの認知度の向上やファン作りに役立ちます。
　また、メディアからの接触が多いのもSNSの特徴です。バズった投稿に「○○に掲載させていただけませんか？」というようなコメント

が付いているのを一度は見たことがあるのではないでしょうか。

投稿がバズると一気に拡散されて多くの人の目に触れ、メディアに取り上げられる可能性も高まります。一方で、運やタイミングにも左右されるので、意図的にバズを起こすことは難しいものです。

そこで大切なのが継続的に発信し続けることです。発信を続けるうちにだんだんとSNSユーザーとのつながりができてメディア関係者を紹介してもらえたり、検索で引っかかってメディアに露出できたりするケースも。

また、自身の発信でなくても、インフルエンサーと交流する（商品プレゼントやモデル依頼など）ことによってSNSでの露出を増やす方法もあります。

POINT
情報の拡散やメディア露出を狙うならSNSを活用すべし

参照　SNS運用のコツ　P.134へ

はじめの一歩　SNSアカウントを開設してみよう。

第2章　スキルを「表現」する3つの方法

②検索

　六大流入経路のうち「検索」とは、Google や Yahoo! といった検索エンジンの検索結果ページからの流入を指します。

・ホームページ
・ブログ
・note

など、自分の Web サイトを持っている人は、SEO に取り組むことをおすすめします。SEO（＝検索エンジン最適化）とは、検索エンジンでキーワードを検索した際に自分の Web サイトを上位に表示させる施策です。

　せっかく自分の Web サイトを持っていても、検索結果の上位に表示されなければ見つけてもらえず、流入を獲得できません。2021年に seoClarity が行った調査によると、日本における Google 検索結果のクリック率は1位13.94％、2位7.52％、3位4.68％……とランキングが下がるほど流入数が減ることが分かっています。

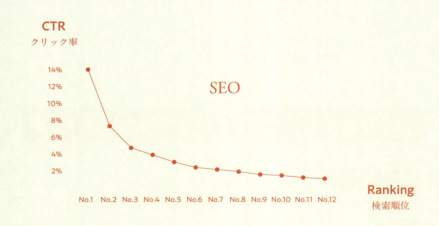

本書ではSEO対策の具体的な方法については取り上げませんが、メディア露出にもつながるのでぜひ積極的に取り組んでみてください。

Webサイトは SNS での発信と違い、流動性が低く情報が蓄積されていく特徴があります。

	Webサイト	SNS
メディア特性	ストック型	フロー型
流動性	低 継続的な発信で 徐々に露出が増える。	高 時間の経過とともに 情報の価値が下がりやすい。
リアルタイム性	低 問題解決の手段など 普遍的な情報が求められる。	高 情報の鮮度が 重視される。
拡散力	小 瞬発的な拡散は見込めない。	大 情報が拡散されやすい。

Webサイトはページ数やコンテンツ数が少ない初期の段階ではなかなか効果を実感できないものの、積み重ねることで長期的な流入を見込めます。即効性が高いSNSと組み合わせての活用がおすすめです。

また、商品開発の経緯やブランドへの想いなどをサイトに蓄積することで、それを見た既存ユーザーのファン化にもつながっていきます。

> **POINT**
> 検索（Webサイトやブログ）は情報をストックできる

Tips 気軽に始めたいなら ブログ×SNSの「note」

　昨今、さまざまなWeb作成サービスが登場しており、デザインやコーディングの知識がなくても自分のホームページやブログを作れるようになりました。とはいえ初心者にはややハードルが高く、「使い方がよく分からない」という方もいるでしょう。

　そんな方におすすめのサービスが「note」です。noteはブログのように文章を投稿できるプラットフォームでありながら、SNSとしての性質も持ち合わせています。

　従来のブログのようにデザインをカスタマイズしたり、文字を装飾したりといった機能はありませんが、
・機能がシンプルで、SNSを始めるような感覚で気軽に始められる。
・サーバーやドメインの利用料金、登録料など費用がかからない。
・note内で記事を探すユーザーが多く、リーチしやすい。
・XやFacebookなど他のSNSにシェアされやすい。
・おすすめ機能や特集など、フォロワー（読者）がいない段階からnoteの利用者にリーチできる仕組みがある。
・note自体のドメインパワーが強い（検索で上位に表示されやすい）。
・有料記事の作成機能や投げ銭機能があり、収益化を目指せる。
　などのメリットがあります。
　「ホームページやブログの開設は難しそう」と感じている方は、noteでの発信を始めてみてはいかがでしょうか。

> **はじめの一歩** noteで「商品作りに込めた想い」についての記事を1本書いてみよう。

③プレスリリース

「プレスリリース」とは、テレビや雑誌などメディアの記者・関係者に向けて、企業やブランドが発表する情報を指します。プレスリリースの役割は、今まで公開されていなかった新規の情報を届けることです。

- 新商品の発売開始
- 既存商品のリニューアル
- 既存商品の実績
- イベントやセミナーの開催
- キャンペーンの実施　など

このようなプレスリリースを配信することで、メディアに掲載してもらえる＝より多くの人々に認知してもらえる可能性が高まります。

プレスリリースの配信方法は主に5パターンです。

①ホームページに掲載する
②記者クラブへ持ち込む
③各メディアに個別配信する（メール、FAX、郵送など）
④PR会社に依頼する
⑤プレスリリース配信サービスを利用する（PR TIMES、@Pressなど）

おすすめは⑤。プレスリリース配信サービスを利用すると、提携しているマスメディアへの配信に加え、配信サービスサイトへの掲載や

提携Webメディアへの転載も自動で行われます。メディア関係者以外の一般ユーザーにも情報を伝えられる配信方法です。

　プレスリリース配信サービスは通常、1配信につき1万～5万円程度の費用がかかります。一部、配信無制限のプランや会社設立から数年は無料で配信できるプランが用意されているところもあるので、自分に合った配信サービスを選択しましょう。

> **POINT**
> プレスリリースは無料で配信できる場合もある

はじめの一歩 配信サービスサイトで気になるプレスリリースを探してみよう。

④広告

　六大流入経路の中で、商品の売上を大きく伸ばしたい方や予算に余裕がある方に取り組んでいただきたい手段が「広告」です。

　広告は大きく①オフライン広告と②オンライン広告の2パターンに分かれており、次のような種類があります。

	種類	掲載場所
オフライン広告	マスメディア広告	テレビ、新聞、雑誌、ラジオ
	交通広告	駅構内のディスプレイ、電車の中吊り、バス停のポスター、タクシーサイネージなど
	屋外広告	ビルの看板、立て看板、ポスター、デジタルサイネージなど
	フリーペーパー広告	無料で配布される新聞や雑誌など
	ダイレクトメール(DM)	チラシ、ハガキ、カタログなど
オンライン広告	ディスプレイ広告（バナー広告）	Webサイトやアプリの広告枠
	リスティング広告	検索エンジンの検索結果ページ
	SNS広告	X、Instagram、LINEなどのSNS上
	ネイティブ広告	Webメディアの検索結果、タイアップ記事など
	アフィリエイト広告	アフィリエイトパートナーのブログやSNSなど
	ヒューマン広告	インフルエンサーのSNS、ライブ配信など

オフライン広告は不特定多数の人に訴求でき、知名度やイメージの向上を見込めます。一方で費用が高額になりやすい、配信後に広告内容を変更しにくい、効果測定がしにくいなどのデメリットも。

　予算に合わせて広告を出すならオンライン広告がおすすめです。1日100円からでも出稿できるので気軽に挑戦できます。ターゲティングや効果測定も可能です。

　なお、オンライン広告のうち「SNS広告」は商品の販売数を伸ばしたいときだけでなく、単にSNSのフォロワーを増やしたいときにも有効な手段です。

POINT
SNS広告は少額で気軽に出せる

はじめの一歩　いつも使っているSNSに広告を出してみよう。

⑤紹介

　リアルの場でお客様や仕事のパートナーに引き合わせてもらう「紹介」も流入経路の1つです。

　これまでご紹介した4つは、どちらかというとオンラインでの施策がメインでした。しかし、インターネットの時代だからこそ、リアルの場を活用できると強みになります。

　実際に会って交流することで、雰囲気や熱量といったオンラインでは伝わりにくい情報を五感に訴えかけられるからです。

・家族や友人に紹介してもらう
・クライアントに連絡を取る

・交流会や飲み会に参加する
・セミナーやイベントに参加する

　など、リアルの場での露出を増やし、「○○をやってみようと思っています」「○○を作ってみたのですが」と直接話しているうちに、集客や新たな仕事のチャンスにつながる場合があります。リアルの場で見知っている人からの紹介は進展が速く、無駄になることも少ないです。
　また、3C分析に沿ったコンセプト設計ができている商品があると、興味を持ってもらいやすくなります。

> **POINT**
> リアルの場でも「商品のコンセプト」が強みになる

はじめの一歩 作りたい商品や今作っている商品について誰かに話してみよう。

⑥出店

　六大流入経路の中で意外とハードルが低いのが、フリーマーケット・マルシェ・ハンドメイドイベントなどに参加する「出店」です。出店は「販売方法」の設計にも関連する内容ですが、ここでは「流入経路」としての側面を解説します。

　「出店」からの流入を設計すべき理由は次のとおりです。

・SNSをやっていない人など、他の流入経路ではリーチできなかった層に知ってもらえる。
・イベントは特定のジャンル（食品系、アート系、ハンドメイド系な

ど）に特化していることが多く、自分の商品を好きになってくれる可能性が高い人に露出できる。
・参加者と直接コミュニケーションをとれるので、商品への想いや販売者の人柄を伝えやすい。
・他の出店者を目当てに来場した人の認知も獲得できる。

　出店は「すでにファンがついている人がやるもの」「SNSなどで告知して来てもらうもの」というイメージがあるかもしれません。しかし、自分自身にまだ集客力がなくてもイベント自体や会場自体に集客力がある場合が多いため、商品販売を始めたての初期戦略としても有効な手段なのです。

POINT
まだファンがついていない人にもイベント出店がおすすめ

はじめの一歩　自分の商品を販売できそうなイベントに行ってみよう。

商品まとめ

第2章 スキルを「表現」する3つの方法

- [ ] 売れる商品を作るためには①コンセプト（見せ方）②販売方法（売り方）③流入経路（広め方）の3つを設計する必要がある。

- [ ] 商品の性能・スペックや技術力ではなく、商品の意味＝コンセプトで差をつける。

- [ ] 販売場所は実店舗orオンライン。手軽に始めるならオンライン（ネットショップ）での販売がおすすめ。

- [ ] 販売の期間と数量を制限することで希少性が出て、商品の魅力を高められる。

- [ ] 商品を知ってもらうための六大流入経路は、①SNS②検索③プレスリリース④広告⑤紹介⑥出店。

- [ ] コンセプトや流入経路をしっかり設計できていれば、メディアにも取り上げられやすくなる。

肩書き ミニマリスト

しぶ

少ない持ち物で暮らす「ミニマリスト」を発信するクリエイター。2017年に開始した「ミニマリストしぶのブログ」は開設1年で月間100万PVを超える人気ブログに。海外3ヶ国でも翻訳された著書『手ぶらで生きる。見栄と財布を捨てて、自由になる50の方法』（サンクチュアリ出版）はAmazon ベストセラー1位を記録。

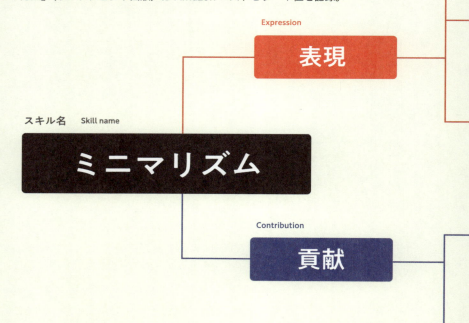

SKILL MAP 01

実在クリエイターのスキルマップ事例

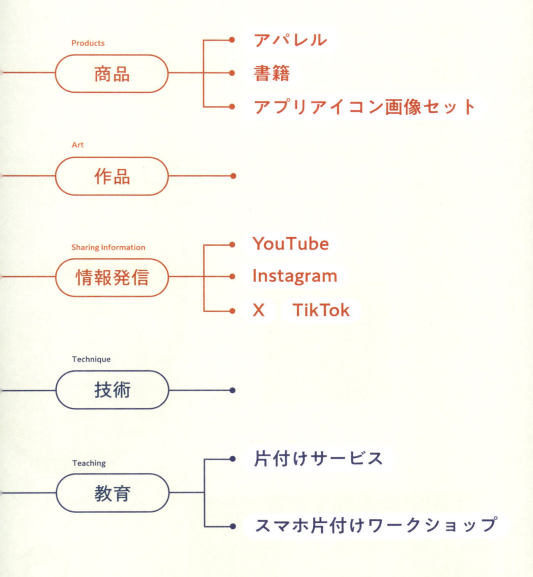

ミニマリストのインフルエンサーとして、ミニマルな機能美を追求するアパレルブランド「less is_jp」を監修。また YouTube の人気企画にもなっているコンサルティング「片付けサービス」などを運営。集客経路の中心はYouTube を中心とする SNS からだが、アパレルに関しては Amazon や蔦屋書店などの展開からも。

表現カテゴリーのジャンル
作品 Art

おさらい

- 作品＝複製不可能 or 複製を制限したもの
- 数に限りがあるため希少性が高く、高値がつきやすい。
- 芸術性や完成度の高さにこだわり、自分の気持ちや思想を表現できる。
- 大量生産ができず販売も難しいため、収入が安定しづらい。

NFT

Limited quantity pottery

Video

Limited quantity accessory

Picture

Limited quantity object

Limited quantity bracelet

Painting

Limited quantity furniture

第2章 スキルを「表現」する3つの方法

作品の「質」を高める4つのステップ
Four steps to enhance the quality of your work

　作品の強みは、自分がやりたいことを制限されずに表現できるところです。
　商品は複製可能、つまりたくさん販売する必要があるので、同じ「表現」カテゴリーといえどお客様のニーズや機能をある程度意識する必要があります。一方で、作品は複製が不可能または制限されているため、言ってしまえば数人に刺さればOKです。
　作り方のルールは存在せず、実はスキルマップの中で最も気軽に取りかかれるジャンルになります。究極、複製を制限したものを「作品」と言ってしまえば作品になるからです。
　また、他のジャンルではできない実験（的な表現）ができるのでスキルアップにもつながります。

　自分のスキルと序章で紹介した表現方法をかけ合わせれば「作品」が出来上がります。

　また、他のジャンルに展開しやすいのも作品の特徴です。「商品」や「情報発信」のコンテンツとして作り替えたり、作品が誰かの目にとまって「技術」や「教育」の仕事を獲得したりすることができます。

例えば……

【作品】世界各国のピンバッジをつなげた1点もののアクセサリー
→【商品】撮影してZINE（冊子）にまとめる
→【教育】旅行の思い出になるアクセサリーの作り方講座

【作品】数量限定のおうちごはんフォトブック
→【情報発信】意外な場所で料理を作っている動画をSNSに投稿する
→【技術】企業とタイアップして自炊メニューを考案

　このように作品は気軽に作成できるものであり、かつ他ジャンルに展開しやすいジャンルです。

POINT
作品は意外にも気軽に取りかかれる＆展開しやすい

　とはいえ、せっかく作るなら質の高いアウトプットを行いたいですよね。
　作品の質を高めるためには「センス」が必要です。センスと聞くと、「生まれつきのものなのでは？」と思うかもしれませんが、後天的に身につけることができます。
　センスを分かりやすく言い換えると「連想力」です。クオリティの高い作品を生み出せる人は、センスがある人＝連想が速くて上手な人だと言えます。

STEP 1　発想　〉　STEP 2　リサーチ　〉　STEP 3　着想　〉　STEP 4　ブラッシュアップ

　クオリティの高い作品作りは難易度が高いですが、スキルアップにつながります。上記の4ステップに沿った作品作りに挑戦してみてください。

　以下、わたしが過去に制作した「生と死」という作品を例に解説していきます。

STEP1. 発想

発想とは、「どんな作品を作ろうかな？」と考えたときにパッと思い浮かぶ最初の思いつき・ひらめき・取っ掛かりを指します。
　発想は自分の中にある今までの経験や知識からしか生まれません。「何も思いつかない」という人は普段からインプットの量を増やし、発想のもとになる材料を豊富に揃えるところから始めましょう。

＜日常でできるインプット方法の例＞
・本を読む
・テレビや映画を見る
・SNSやWebメディアを見る
・美術館や展示会に行く
・新しいコミュニティに参加する
・違う立場やバックグラウンドの人と話す

STEP1では思いついたものを一旦すべて書き出します。

この段階では「こんなアイデアは作品にできなそう」「面白くないかも」などとは考えず、「こんな作品を作ってみたい！」「これって作品にできないかな？」と、自由なひらめきを大切にしてください。

仮に「STEP1.発想」で何も思いつかない場合は、「STEP2.リサーチ」に進んでもOKです。

POINT 発想の量は日頃のインプットの量に比例する

STEP2. リサーチ

STEP2では、STEP1で降りてきた発想を広げるためのヒントになる情報を集めます。

例で挙げたアート作品「生と死」の場合だと、以下のように展開しました。
「アート作品って何を題材としたものが多いんだろう？」
「死を何か違うものに変換して表現する人が多いんだな」
「死ではないけど終わりのあるものって何だろう？」

このように、とにかく疑問に感じたことや気になることをたくさん調べましょう。リサーチしているうちに、徐々にSTEP1の発想が磨かれていきます。

STEP3. 着想

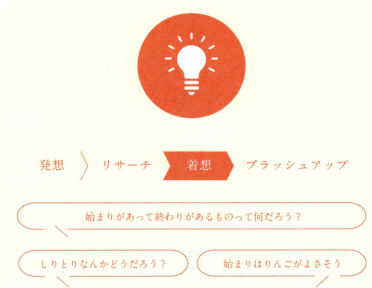

STEP1の「発想」が自分の中から湧き出るアイデアであるのに対し、STEP3の「着想」はSTEP2でリサーチした外部からの情報を受けて考えつくアイデアを指します。発想とリサーチを組み合わせて、

具体的な作品へと落とし込んでいく段階です。

　例で挙げたアート作品「生と死」の場合だと、
「終わりのあるものといえば、しりとり」
「"ん"で突然終わる」
「りんご→ゴリラ→ラッパ……が定番」

　このように、頭に浮かんだアイデアを深掘りしていきます。
　STEP2「リサーチ」からSTEP3「着想」においてアイデアを引き出すコツは、抽象と具体を切り替えながら頭を使うことです。

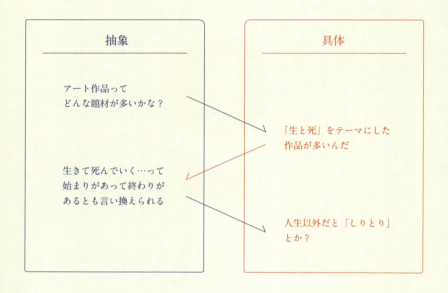

　アイデアがなかなか広がらないときは、抽象化と具体化を行ったり来たりする思考法を試してみてください。この思考法を繰り返すことで、センスもアップしていきます。

> **POINT** 「抽象⇔具体」を繰り返して思考力を鍛えるべし

STEP4. ブラッシュアップ

発想 ＞ リサーチ ＞ 着想 ＞ **ブラッシュアップ**

- 左右対称の正方形にしてみよう
- 終わりは正方形の途中で
- 背景は真っ白にしよう

　作品のイメージが固まったら、質を高めるための最終段階「ブラッシュアップ」に入ります。以下のような方法で作品を見つめ直し、完成度を高めましょう。

・要素を加えてみる（足し算）
・要素を減らしてみる（引き算）
・要素をかけ合わせる（かけ算）
・違う角度や目線で見る
・1日置いて客観的に作品をチェックする
・家族や友人に意見を聞いてみる

例で挙げたアート作品「生と死」の場合だと、以下のようなことが考えられます。

- 「キャンバスいっぱいにコラージュするより、正方形に整えたほうが美しいかも」
- 「美しい正方形の途中で終わってたら、"死＝突然の終わり"も表現できそう」

　このようにブラッシュアップを続けて、納得がいく形にできたら「作品」の完成です。4つのステップを踏んで作品を作り上げることで、自分自身のスキルアップにもなります。

> **はじめの一歩**　4ステップに沿って作品を1つ作ってみよう。

作品における3つの「出口」戦略
Three exit strategies for your work

　作品を「作ること」と同じくらい「発表すること（＝出口）」も大切です。「まだ完璧じゃないから」と発表までのハードルを上げすぎず、自分がいいと思う作品を作り続け、発表し続けましょう。

　たとえ不完全な作品であってもとにかく出口を作ることで、
- 周りの意見を聞いてブラッシュアップできる
- 今のあなたの作品が欲しいと言ってくれる人が現れる
- 「want to（作品を作りたい）」だけだとなかなか行動できない人も、「have to（期日までに発表しなければならない）」を設定することで積極的に動ける

など良い変化が生まれ、何かのきっかけになり得ます。

POINT
先に出口を決めて、出口に向かって作品を完成させるべし

　作品を発表できる場は、主に次の3種類です。

①コンテスト
②展示会
③SNS・作品投稿サイト

　どのような方法でも構いません。あなたの作品を発表して、世の中に見つけてもらいましょう。

①コンテスト

　コンテストとは、テーマに応じた作品を応募して審査員による評価を競う催しです。「公募」「コンペティション」「コンクール」などと呼ばれることもあります。

　美術系の学校に通っている方だと、学校内のコミュニティや先生からの紹介で参加できるものも多いですが、一般の方でも「コンテスト情報サイト」から探すことが可能です。例えば「登竜門」「コンペナビ」「Koubo」といったサイトが存在します。

　これらのサイトには無料で応募できるものも含め、たくさんのコンテストが掲載されています。

・絵画・アート
・写真
・映像
・工芸・雑貨
・ファッション
・文芸・キャッチコピー
・イラスト・マンガ
・商品企画・プロダクト
・建築・インテリア
・音楽

など、ジャンルも多岐にわたります。

　中には受賞すると賞金が出るコンテストや、プロデビューの機会が用意されているコンテストもあり、モチベーションアップにつながります。かつコンテストごとに課題のテーマが決まっているケースが多

いため、作品を作りやすくなる（アイデアを出しやすくなる）方もいるでしょう。

また、コンテストには応募期日があるので「なかなか行動に移せない」「スキルを形にできない」という方にもおすすめの方法です。

自分に合うコンテストを探して、ぜひチャレンジしてみてください。

> **はじめの一歩** 気になるジャンルのコンテストを探してみよう。

②展示会

コンテストの他に、展示会で作品を発表することもできます。展示会とは、作品を展示して来場者に鑑賞してもらうイベントです。

自分の作品だけを集めた「個展」と複数人で行う「グループ展」の2種類に分かれます。

	個展	グループ展
難易度	高	低〜中
費用	高	低〜中
メリット	・自分らしい表現を自由にできる ・来場者と深くコミュニケーションをとれる	・費用負担が減る ・他の出展者から刺激を受けられる ・他の出展者の集客力も借りられる
デメリット	・たくさんの作品を作る必要がある ・知名度が高くないと集客が難しい	・表現の自由度が低い ・作品点数やサイズが限られる

いずれの展示会も①自分自身で企画する場合②招待される場合③応募する場合の3パターンがあります。最初は出展者を募集している展示・イベントに応募する③の方法から始めるのがおすすめです。

　展示会では作品を発表するだけでなく、値段をつけて販売できるケースも多いです。また、作品をプリントしたTシャツやポストカードなどを「商品」として売ることもできます。
　自分の作品に対する反応を直に見ることができるので、コンテスト同様にモチベーションの向上にもつながるでしょう。

　なお、上記のような展示会以外にも、フリーマーケット・マルシェ・ハンドメイドイベントなどのイベントに作品を出す方法もあります。

> 参照　作品の販売方法　P.94へ

> はじめの一歩　参加できそうな展示会やイベントに遊びに行ってみよう。

③ SNS・作品投稿サイト

「気軽に発表したい」「もっとたくさんの人に見てほしい」という方には、SNSやプラットフォームなどオンライン上に作品をアップロードする方法がおすすめです。
　見た人から反応がもらえるだけでなく、インフルエンサーやWebメディアに取り上げられてバズる場合も。世界中にファンが生まれる可能性を秘めています。

　SNSは作品の性質と相性のいい媒体を選びましょう。

例えば、以下の通りです。

- 文章→X、note、Threads
- 画像→X、Instagram（フィード）
- 動画→YouTube、TikTok、Instagram（リール）

　立体物やハンドメイド作品の場合は、写真や動画を撮影して投稿することになります。自分の作品に近い投稿者を探して参考にしてみてください。

　作品投稿サイトは特定のジャンルに特化したものが多いです。
　例えば、
- イラスト・マンガ・小説→pixiv
- 小説→カクヨム
- 楽曲→SoundCloud

　などが挙げられます。
　SNSよりも作品発表の場に特化しているので、熱量の高いユーザーに出会いやすいです。他の投稿者とのつながりができたり、たくさんの作品に触れられたりして刺激にもなります。

　難点としては、コンテストや展示会のように締切が設定されていないため、モチベーションの維持が難しい点が挙げられます。「〇ヶ月間は毎日投稿する」など、自分で具体的な期限を決めて投稿する方法がおすすめです。

> **はじめの一歩**　オンライン上で作品を発信している、参考になりそうなユーザーを探してみよう。

第2章　スキルを「表現」する3つの方法

作品まとめ

- [ ] 作品は最も簡単に発表できて、他ジャンルにも展開しやすい。

- [ ] 販売の難易度は高いが、作ること自体がスキルアップにつながる。

- [ ] 作品の質を高めるセンス＝連想力は、①発想②リサーチ③着想④ブラッシュアップの4ステップで鍛えられる。

- [ ] 作品を作ったら発表して、さらなるブラッシュアップやきっかけ作りに役立てる。

- [ ] 作品発表の場には①コンテスト②展示会③SNS・作品投稿サイトの3種類がある。

肩書き 写真家 / 文筆家

古性 のち

写真と言葉にまつわる仕事を行うマルチクリエイター。チェンマイと石川県の 2 拠点暮らし。著書に『明日、もっと自分を好きになる「私らしく生きる」をかなえる感性の育て方』（KADOKAWA）、『雨夜の星をさがして 美しい日本の四季とことばの辞典』（玄光社）がある。

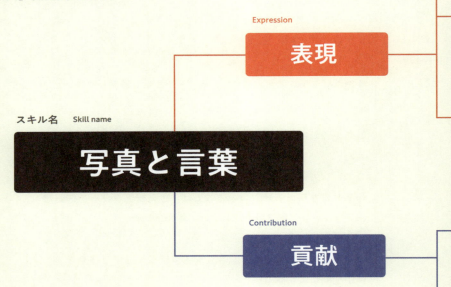

SKILL MAP 02

実在クリエイターのスキルマップ事例

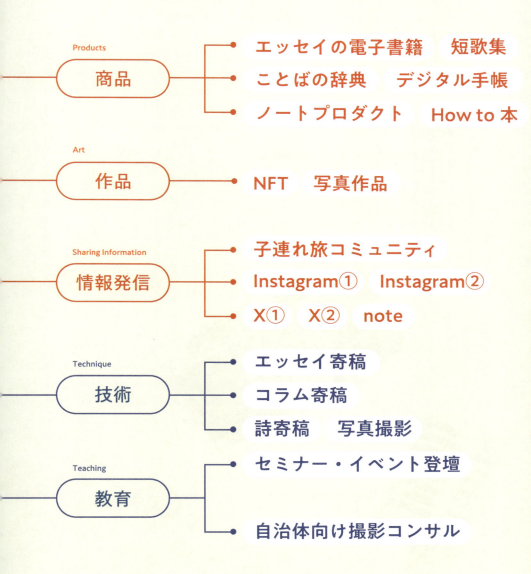

写真と言葉の2つのスキルを使い、表現・貢献のすべてのジャンルを横断して活動している。個人のInstagramとは別に、季語や短歌を紹介する日本の言葉のアカウントを運営。各アカウントから書籍化したり、自身が撮影した写真をパネル化・額装した作品などを販売したりしている。美しい日本語から生まれたNFTのFounderとしても活躍。

表現カテゴリーのジャンル

情報発信 Sharing Information

おさらい

- 情報発信＝スキルを価値がある発信（コンテンツ）にして表現
- SNS、ブログ・オウンドメディア、コミュニティなどの方法がある。
- ブランディングやファン作りに加え、商品・作品・技術・教育における集客にもつながる。
- 直接収益を生むことは難しいが、やりたいこと（稼ぐことを含む）をブーストしてくれる。

Picture

Voice

情報発信が上手くいく「鉄の三ヶ条」
The three golden rules for successful sharing Information

　情報発信は自分の表現を多くの人に届けるための手段です。資産として蓄積されるものなので、1日でも早く始めることをおすすめします。

　「まだ発信できるようなスキルを持っていない」と思う方もいるかもしれません。しかし、まだ何者でもない状態からスキルアップしていく様子を発信し続けたほうが、深いファンを獲得しやすいです（例えばアイドルでも、サバイバルオーディション番組からデビューしたグループには熱量の高いファンが多いですよね）。

POINT
まだスキルが未熟な段階でも情報発信を始めてOK

　無料でリスクなく始められる情報発信は、百利あって一害なし。
　以下で紹介する「鉄の三ヶ条」を意識して、今すぐ情報発信を始めましょう。

＜情報発信における鉄の三ヶ条＞
STEP1. スキルや環境を活用する
STEP2. ネタに困らない状態にする
STEP3. ウケが良い形にする

STEP1. スキルや環境を活用する

　情報発信のもとになるのは、序章・第1章で導き出した「スキル」です。1つのスキルからさまざまなコンテンツを作成できます。

スキル	情報発信の例
ピアノ	・人気の曲を演奏している動画 ・ピアノを上達させるコツ ・作曲の過程
自炊	・オリジナルレシピ ・作ったごはんの写真 ・おすすめのキッチングッズ
ダイエット	・おうちトレーニング動画 ・ダイエット記録 ・痩せるコツ

　また、スキルに自分が置かれている環境・状況をかけ合わせるとオリジナリティが生まれ、同じスキルを持っている人との差別化も図れます。

・○○出身
・田舎暮らし
・おしゃれな家に住んでいる
・1Kで二人暮らし
・シェアハウス
・子どもがいる
・ペットを飼っている
・○○を持っている
・家族が○○
・職業（前職含む）
・転職活動中　など

　ポジティブな内容だけでなく、ネガティブな内容であっても情報発信においては強みになります。

思いつくままに書き出して、独自性を出せるポイントがないか探してみてください。

> **POINT**
> ネガティブに感じている環境や状況も、
> 情報発信では強みになる

STEP2. ネタに困らない状態にする

情報発信をやめてしまう原因のほとんどはネタ不足です。「発信するネタが見つからなくて継続できない」という方は少なくありません。
　情報発信を始める時点で、ネタに困らない設計にしておく必要があります。

ネタに困らない情報発信の設計は主に3パターンです。

①プロ型
②かけ合わせ型
③ユーザー参加型

①プロ型

プロ型は、自分自身がそのスキルのプロである場合に有効です。
　プロとして持っている知識や学びを、アマチュアや初心者の方に向けて解説します。あるいはプロとして制作したモノを発表します。
　ただし、豊富なノウハウや実績がないとすぐにネタが枯渇してしまうため、おすすめは②または③です。

②かけ合わせ型

②のかけ合わせ型は、無限に存在する情報やジャンルに自分のスキル（付加価値）を組み合わせて発信する方法です。

例えば「ストリートスナップ」は「人」や「コーディネート」を、「旅行情報」は「場所」や「店」を変えるだけで無限にコンテンツを生み出せますよね。

あるいは、「ニュース」や「レシピ」などインターネット上で収集できる情報を編集して発信する方法もあります。

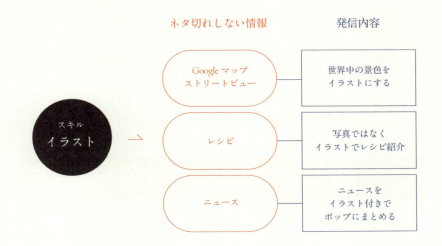

③ユーザー参加型

ユーザー参加型は、その名のとおりユーザー（SNSのフォロワー、ブログの読者など）にお題を投げかけて集まったネタをスキルで表現する方法です。

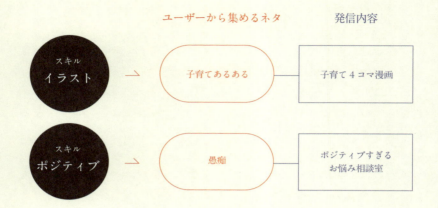

双方向のコミュニケーションができるのでファン作りにも役立ち、熱量の高いユーザーが集まりやすいです。

②や③のように、スキルに「ネタ切れしないテーマ」をかけ合わせることで、情報発信の企画に困らなくなります。

POINT
無限に存在する情報やユーザーから集めたネタとかけ合わせるべし

STEP3. ウケが良い形にする

ネタ切れにならないコンテンツを作ったところで、ユーザーからのウケが良くないと情報発信によるメリットを感じにくく、モチベーションも続きません。STEP2で作ったコンテンツを「ウケる形」に変換する必要があります。

＜ウケが良い形にする３つの方法＞
①ビジュアル強化型
②おもしろ・共感型
③お役立ち型

　上記３つの方法は単体で使うことも、組み合わせて使うこともできます。

①ビジュアル強化型

　ビジュアル強化型はその名の通り、コンテンツを、

・より美しく
・よりオシャレに
・より完成度高く
・よりインパクトを出す

　などビジュアルを強化できないか？　を意識してブラッシュアップする方法です。発信する情報の「見せ方」にこだわり、完成度を高めます。

　ただし、ビジュアルをウケる形にするのは難しく、相応のスキルが必要になります。おすすめは②または③です。

②おもしろ・共感型

　おもしろ・共感型は、思わず笑ってしまう内容や共感を誘う内容を盛り込んでユーザーの心を揺さぶる方法です。

「おもしろ・共感型」への変換方法	具体例
意外性のあるもの同士を組み合わせる	・ポエム×ドレッドヘア ・ダジャレ×アート
注目される形式に整える	・あるある ・ランキング
対象者や条件を限定する	・バツイチが作るおひとり様レシピ ・1分でできる秒速メイク ・路地裏にある隠れ家カフェ

③お役立ち型

　お役立ち型では、みんなが知らない情報やお得情報を分かりやすくまとめます。「こんな情報を無料で教えてもらえるの？」とユーザーにメリットを感じさせるコンテンツを作成しましょう。

　お役立ち型でポイントとなるのが、以下の4つです。

・調べればすぐに分かる情報はなるべく避けること
・二番煎じではないオリジナリティを出すこと
・広告・PR感を出さないこと
・愛を込めること

「心からおすすめしたい」「誰かの役に立ちたい」という気持ちで発信することが大切です。

> **はじめの一歩**　人気のSNSアカウントを「鉄の三ヶ条」の視点で見てみる。

コンテンツの4つの表現方法

The four methods of content expression

コンテンツの表現方法は**①文章②画像③動画④音声**の4種類に分けられます。

それぞれの表現方法に適した情報発信の場としては、次のようなプラットフォームが挙げられます。

①文章	②画像	③動画	④音声
・X（短文） ・ブログ（長文）	・X（横長） ・Instagram 　（正方形、縦長） ・Pinterest（縦長） ・ブログ	・X（短尺） ・YouTube 　（長尺・横動画） ・Instagram 　（短尺・縦動画） ・TikTok 　（短尺・縦動画）	・X（短尺） ・Voicy ・stand.fm ・Spotify for 　Podcasters

※上記（　）内は各プラットフォームで主流の形式

情報発信において押さえておきたいポイントは、**プラットフォームによってユーザーの層が異なる**ということ。「XよりもInstagramが好き」「文章よりも動画で情報収集したい」など人によって好みの表現方法やプラットフォームがあるため、複数展開することでたくさんの人にアプローチできます。

POINT
1つのコンテンツは複数のプラットフォームで展開すべし

第2章　スキルを「表現」する3つの方法

また、何かコンテンツを作って広めたいと思ったときは、1つのアクションに対して4軸で展開できないか？　を考えてみましょう。
　4つの表現方法が頭に入っていると、「写真だけ撮った」のように1つのアクションに対して1つの表現をするだけだともったいない感覚になるはずです。

　はじめの一歩　最近の出来事を複数軸で表現してみる。

情報発信は「横展開」で効率アップ

　1つの表現方法やプラットフォームだけだと、届けられるユーザーの範囲が狭まります。作ったコンテンツを横展開することで、労力をかけずにより多くの人々に情報発信することが可能になります。

　横展開には2つのパターンがあります。
①同じ表現方法で横展開する
②別の表現方法で横展開する

①同じ表現方法で横展開する

　比較的取り組みやすいのは、同じ表現方法で横展開するパターンです。

・文章：長文→短文
・画像：正方形→横長
・動画：長尺→短尺

具体的な例を挙げると、以下のようなイメージになります。

・「ブログ」の文章を140文字に整えて「X」に投稿する
・「Instagram」に投稿した縦長の画像を横長にリサイズして「X」に投稿する
・「YouTube」の動画から一部分を切り抜き、「TikTok」に投稿する

　同じ表現方法で横展開する場合は、ただ使い回すだけだと△。各プラットフォームに適した形に整えてから横展開することが大切です。
　例えば、Xに投稿した横長画像をそのままInstagramにアップすることも可能ですが、Instagramユーザーに馴染みのあるサイズにリサイズしたほうが伸びやすいです。
　コンテンツの内容や表現方法は同じでも、「見せ方」を少し工夫することで効率よく情報発信できます。

② 別の表現方法で横展開する

　より多くのプラットフォームで情報発信したい方や、すでにある程度のコンテンツを作ったことがある方は、別の表現方法で横展開するパターンに挑戦してみてください。

・文章→画像
・画像→動画
・動画→文章

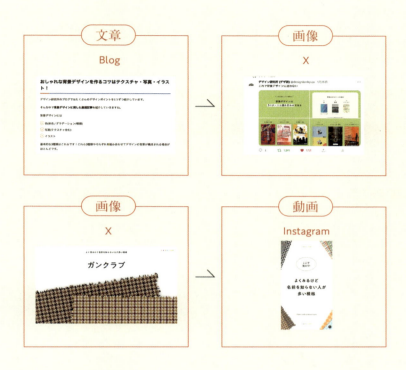

　具体的な例を挙げると、以下のようなイメージです。

- 「ブログ」に投稿した文章を画像にまとめて「X」に投稿する
- 「X」に投稿したイラストの制作過程を録画して「Instagram」でリール投稿する
- 「YouTube」に上げたハウツー動画を文章にして「ブログ」で解説する

　①の「同じ表現方法で横展開する」よりも難易度は高いですが、より多くのユーザーに情報を届けられます。

①②のようにコンテンツを横展開することで、情報発信の効率がアップします。時間と労力の節約になるので、コンテンツを作る際はぜひ複数の横展開を前提に企画してみてください。

> **POINT**
> 少ない時間と労力で情報を広めるための
> キーワードは「横展開」

はじめの一歩 これまで作ったことのあるコンテンツやSNSを横展開してみる。

情報発信まとめ

- [ ] 情報発信は資産として蓄積され、やりたいことの実現をサポートしてくれる。

- [ ] 情報発信を成功させるためには、①スキルや環境を活用すること②ネタに困らない状態にすること③ウケが良い形にすることが大切である。

- [ ] 情報発信の形式は①プロ型②かけ合わせ型③ユーザー参加型のいずれかを選ぶとネタ切れしにくい。

- [ ] コンテンツを作る際は①ビジュアル強化型②おもしろ・共感型③お役立ち型を意識することで、ユーザーからのウケが良くなる。

- [ ] １つのアクションに対して４つの表現方法（文章・画像・動画・音声）でコンテンツを作成することで、より多くのユーザーに届けられる。

- [ ] 作ったコンテンツは同じ表現方法あるいは別の表現方法で、複数のプラットフォームに横展開できる。

肩書き 作家/YouTuber

堀元見

知識でふざけるコンテンツを発信するインフルエンサー。YouTube「ゆる言語学ラジオ」「ゆるコンピュータ科学ラジオ」を運営し、登録者数は合計 46 万人超え。著書に『教養悪口本』（光文社）、『ビジネス書ベストセラーを 100 冊読んで分かった成功の黄金律』（徳間書店）などがある。

SKILL MAP

実在クリエイターのスキルマップ事例

POINT　YouTubeを起点にその音声版をPodcastで配信。そこからファンがさらに深い情報にアクセスできる有料のサポーターコミュニティを運営。YouTubeから派生したコンセプトカフェの運営や、企業のコンサル、チャンネルの運営代行など幅広く活動。YouTubeの他にも「知識でふざける」をコンセプトにnoteや有料マガジン、書籍の執筆などを行っている。

第3章

スキルで「貢献」する2つの方法

Two ways to "contribute" with your skills

貢献カテゴリーのジャンル
技術 Technique

> **おさらい**
> - 技術＝自分のスキルを提供してクライアントの役に立つこと
> - クライアントから依頼を受けて提供するケースが多い。
> - 自己表現よりも他者への貢献を目的としており、収入が安定しやすい。
> - チームを編成することで、他の人のスキルとかけ合わせた技術を提供できる。

Crowdsourcing

Meetings with clients

Stock site

Real Production

Web Production

Team

第3章 スキルで「貢献」する2つの方法

3つのかけ算で導く「売上アップの方程式」

The sales growth formula derived from three key multipliers

　技術は安定した収入を得やすいジャンルです。技術によって収入の土台ができたら、商品や作品といった「表現カテゴリー」にも積極的にチャレンジしやすくなります。

　収入、つまり技術の提供による売上を効率的にアップするために、次の方程式を活用しましょう。

売上＝単価×顧客数×リピート率

　売上を伸ばしたいと思ったときは①単価②顧客数③リピート率のいずれかを上げる施策を考えます（もちろん、3つすべてを上げることができれば相乗効果でさらに売上がアップします）。

　例えば、お客様がいっぱいいるはずなのになかなか売上が上がらない場合は、以下の軸で考えると解決策を導きやすくなります。

【仮説】　　　　　　　　　　　【施策】
・単価が低いのかも　　　→　値段表をアップデートできないか？
・リピート率が低いのかも　→　満足度を高める方法はないか？

　このように、現状を把握して収入を上げる施策を考えるときには「売上アップの方程式」が役に立ちます。

POINT
収入を上げるためには、
「売上＝単価×顧客数×リピート率」を意識する

「単価」を上げるコツとタイミング

単価は、方程式にある3つの要素の中で最も簡単に上げられます。

顧客数やリピート率は顧客ありきの指標です。しかし、単価は自分の判断だけで自由に変更できるのです。

POINT
単価は自分自身でコントロールできる

単価を上げることで、売上を伸ばすのが容易になります。

例えば、単価1,000円の人が1万円を得ようとすると10個の仕事をこなす必要がありますが、単価5,000円の人なら2個の仕事をこなすだけでクリアできますよね。

「単価を上げたら今までのお客様が仕事を頼んでくれなくなるのでは？」と不安に思う方もいるかもしれません。しかし、スキルアップに伴う値上げでは、金額の変化に合わせてターゲットが変わることはごく自然なことなのです。

　もちろん、今いるお客様との縁は大切にすべきですが、そこにこだわりすぎてしまうと、

値上げができない→お金がない→時間もない→提供する技術の質が下がる

　と、回り回ってお客様にとっても良くない状況に陥ってしまいます。
「値上げは成長の証」というプラスの考え方へと思考チェンジしてみてください。

> **POINT**
> **値上げ＝成長の証**

　単価を上げるメリットを理解したら、続いては単価を上げるコツとタイミングを押さえましょう。

＜値上げのコツ＞
①時給換算する
②値段表を作る

＜値上げのタイミング＞
①安いと言われたとき
②案件数が増えすぎたとき

値上げのコツ① 時給換算する

　どうやって単価を決めたらいいか分からない方は、「希望の時給×作業にかかる時間」で料金を決めるといいでしょう。

　まずは今の時給を把握する必要があります。時給は「単価（技術を何円で提供しているか）÷時間（その作業にどのくらいかかっているか）」で計算できます。

$$\frac{¥10{,}000}{8\text{時間}} = \text{時給 }¥1{,}250$$

　一度時給を計算しておくことで、これまで適当に請求していた細かい作業（例；修正費用、打ち合わせ対応など）を含めた適正価格で請求できるようになります。

> **POINT**
> 時給換算することで「適正価格での請求」が分かる

　次に時給をいくら上げるかを考えます。「スキルアップできている」「技術の価値が上がった」と感じるぶんだけ自由に値上げしてみて、単価を算出してみましょう。

はじめの一歩　自分の時給を計算してみよう。

第3章　スキルで「貢献」する2つの方法

値上げのコツ② 値段表を作る

　単価を上げるためには「単価を下げない」ことが大切になってきます。
　顧客から「もう少し安くならない？」「他の人はもっと安いよ」と値下げ交渉されたとしても、これまで磨いてきたスキルに自信を持って、あなたが決めた単価で技術を提供してください。

　値下げ交渉をされると気持ちが揺らいでしまう方には、値段表を作っておくことをおすすめします。「この価格でやっています！」と提示し、それでも値下げ交渉をしてくるお客様は「自分の顧客ではなかったんだ」と判断してお断りしましょう。

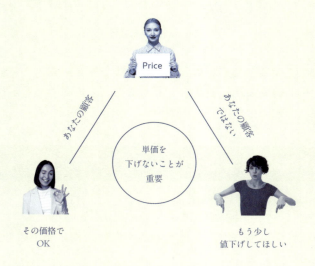

　また、値段表は値下げ交渉の対策としてだけでなく、「これいくらでやってるの？」と直接料金を聞かれたときにも役立ちます。ついついその場で安い値段を言ってしまう人が多いですが、値段表があれば瞬時に適正価格を提示することができ、スムーズに仕事を進めることができるでしょう。

値段表は「人に見せるため」というより、「自分のため」に作るものなのです。

> **POINT**
> 顧客のためだけでなく"自分のために"値段表を作る

`はじめの一歩` 提供できる技術をメニュー化して値段表にまとめよう。

値上げのタイミング① 安いと言われたとき

一番分かりやすい値上げのタイミングは、お客様や周りの人から「安すぎるんじゃない？」「もっと値段を上げたほうがいいよ」と言われたときです。

先ほどご紹介した時給換算の方法に加えて、単価相場をリサーチしてから値段を決めるのもおすすめです。「○○ 相場」「○○ 料金」で検索したり、クラウドソーシングサイトに掲載されている案件を見たりしながら、一般的な費用感をチェックしてみましょう。

また「安すぎるんじゃない？」と言ってくれたお客様に、「いくらなら適正だと思いますか？」と聞く方法もあります。

値上げのタイミング② 案件数が増えすぎたとき

もう1つは、今の単価で案件数が増えすぎたタイミング。「稼働時間が長くなってもう限界！」「新しい仕事を受ける時間がない！」＝値上げの合図です。

①案件数が増える→②忙しくなる→③単価を上げて調節する→④時間ができる→①案件数が増える→②忙しくなる→③単価を上げて調節する→……

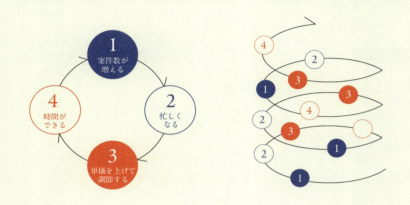

このように、成長とともに単価が上がり続ける良いサイクルを目指して、日々スキルアップを図りましょう。

POINT
✗単価を変えずに案件数を減らす
〇まずは単価を上げ、結果的に案件数が落ち着く

はじめの一歩　これまでに値上げのタイミングがなかったか振り返ってみよう。

「顧客数」を増やす3つのテクニック
Three techniques to increase the number of customers

　方程式にある3つの要素の中でも特に難しいのが、顧客数を増やすことです。新規顧客を獲得する方法としては「商品作りに必要な3設計③流入経路の設計（p.97）」でお伝えした、
・SNS
・検索
・プレスリリース
・広告
・紹介
・出店

　などが挙げられますが、ここではより具体的なテクニックを3つご紹介します。

＜顧客数を増やす3つのテクニック＞
①顧客が集まる人を探す
②顧客を分散する
③クラウドソーシングを活用する

―――― 顧客数を増やすテクニック①顧客が集まる人を探す

　　キーワードは「お客さんを見つけたければ、お客さんを探すな！」

です。

　では何を探せばいいのかというと、顧客ではなく、たくさんの顧客とつながりがある人（経営者・コミュニティ運営者・イベント主催者・コンサルタントなど）を探してください。ハブとなる人物を見つけることができれば、自分で顧客を探さなくても紹介してもらえるようになり、顧客数を増やすための労力を圧倒的に減らせます。

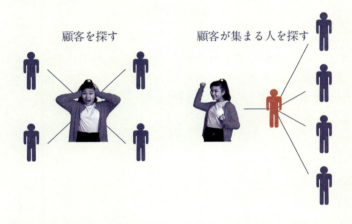

> **POINT**
> 顧客は1人ずつ探すより、
> 顧客が集まる「ハブとなる人物」を探すべし

顧客が集まる人とつながるコツは2つあります。

・自分は何ができる人なのか？　をより多くの人に伝える
　第1章の「肩書きを名乗る（p.77）」でお伝えした方法です。「○○ならこの人！」と思ってくれる人を増やしましょう。

・競合が少ない場所で探す
　ハブとなる人から顧客を紹介してもらうためには、その人にとって

の一番であり続ける必要があります。日本一を目指さなくても、その人に第一に想起される存在になればいいのです。

　一番の存在になるために、競合が少ないコミュニティに行くことをおすすめします。例えばあなたのスキルがデザインなら、デザイナーが多いコミュニティではなく、デザイナーの少ないコミュニティやデザインと関係のない場所で活動してみましょう。

　オフラインの交流会だけでなく、オンラインサロンやSNSのコミュニティなど全国どこからでも参加できるものも多いです。

はじめの一歩　オンラインサロンに参加してみよう。

顧客数を増やすテクニック②顧客を分散する

　1人のお客様や1つの企業に依存してしまうと、やり取りがスムーズ等のメリットがある一方でリスクも発生します。

・顧客の業績悪化や取引方針の転換により、売上が減少あるいはゼロになる恐れがある
・既存顧客の仕事を優先してしまい、新しい顧客を獲得しづらい
・価格交渉がしづらい　など

取引先を分散して顧客数を増やすことで、このようなリスクを軽減できます。
　かつ、このような姿勢で仕事をしていると顧客が顧客を紹介してくれることもあるので、さらに顧客が増えるというメリットもあります。

　はじめの一歩　既存の顧客に、新たなお客様を紹介してもらえないか聞いてみよう。

顧客数を増やすテクニック③クラウドソーシングを活用する

　クラウドソーシングとは、オンライン上で仕事（技術）を受発注できるサービスです。仕事を受けたい人＝あなたと、仕事を依頼したい人＝顧客をマッチングしてくれます。

代表的なクラウドソーシングサイトは以下のとおりです。

・クラウドワークス
・ランサーズ
・ココナラ
・Upwork（英語に苦手意識がないなら海外の顧客を探すのもアリ！）

　上記のようなサイトには日々たくさんの案件が寄せられています。案件ごとに発注者が異なるため、顧客数をぐっと増やすことができるでしょう。

　ただし、クラウドソーシングでの顧客探しは難易度が高いです。
　おすすめは「コンペ」に参加するなど腕試し的に活用する方法。マッチング後に作業や制作物を提供する「プロジェクト」や「タスク」と違い、「コンペ」は複数の提案の中から自分の提案が採用されれば報酬を得られる形式になります。
　スキルアップを図りつつ、「採用されたらラッキー」「お客様が増えたらラッキー」ぐらいの感覚で参加してみましょう。

POINT
「クラウドソーシング＝練習の場」と捉えてOK

はじめの一歩　クラウドソーシングサイトで気になる案件を3つ探してみよう。

Tips モンスタークライアントの対処法

　顧客の数が増えてくると、無理な要求や自己中心的な言動をしてくる、いわゆる「モンスタークライアント」に出会う可能性も高まります。トラブルに発展しないように、次の3つの方法で対処してください。

①受注前に見極める
　モンスタークライアントとはそもそも関わらないことが最も重要です。
　メールのやり取りや打ち合わせの段階で、「おや？」と何か嫌な予感がしたら危険なサイン。違和感を無視してそのまま契約してしまうと、トラブルに発展する可能性があります。
　「謎のこだわりがかなり強い」「常識のなさやマナーの悪さを感じる」「やたら早い納期を要求してくる」「依頼内容がふんわりしている」「言っていることがコロコロ変わる」などモンスター化する要素を感じ取ったら、単価が高くても丁重にお断りしましょう。

②業務範囲を明確にする
　納品物の内容や修正回数など、提示された金額で対応できる業務範囲をしっかり決めて共有しておきます。
　"言った言わない問題"に発展しないように、対面や電話など口頭ではなく、書類やメールといった後から確認できる形で残しておきましょう。
　案件が動き出したあとに想定外の要望が届いたら、事前に共有した内容をもとに、できること・できないことを明確に伝えてください。

③壁を作り続ける

　最終納品に至るまでの各段階ごとに、細かく確認をとる（＝複数の壁を作る）ことも大切です。

　例えばスキルが「絵を描くこと」で、似顔絵を描く仕事を受注したとします。受注→ラフ→下書き→清書→色塗り→納品の手順で進行するなら、1つのステップが終わるたびに「ここまで確定でよろしいでしょうか？　確定後の変更は別途費用をいただきます」と了承を得るということです。

　戻れない壁を何個か作ることで、スムーズな進行が可能になります。

　このような対策を取りつつ、「発注者（クライアント）と受注者（あなた）はあくまで対等である」という意識を持つようにしましょう。

「リピート率」を増やす2つのルール
Two rules to increase the repeat rate

　売上アップの方程式の最後の要素が「リピート率」です。リピート率（継続率）とは、新規顧客のうち再び購入・依頼してくれる顧客の割合を指します。
　お客様がなぜリピートしてくれるかと言うと、あなたに仕事をお願いして提供されたものが期待以上だったからですよね。逆に言えば、顧客が満足できるものを提供できないかぎり次につなげることはできません。
　リピート率を上げるテクニックはいろいろありますが、根本的に大事にすべきポイントは「1件1件の仕事のクオリティをいかに高めるか」ということ。そのために常に心がけておきたい2つのルールをご紹介します。

＜リピート率アップのルール＞
① 1.5倍ルール
② 120％ルール

――― リピート率アップのルール① 1.5倍ルール

　なかなかリピート率が上がらない理由は、いつもギリギリの状態で納品しているからかもしれません。時間に余裕を設けていれば、その

分クオリティを高められます。

　仕事のスケジュール・納期は、自分の想定の1.5倍長く設定しましょう。例えば10日かかる仕事の場合、お客様には「15日で納品します」と伝えます。
　1.5倍で伝えたうえで1倍の期間で納品すると、「早く仕上げてくれてありがとう！」と顧客の満足度や信頼がアップします。万が一突然のトラブルが発生しても余裕を持って対処できるため、信用を失う可能性が低いです。
　また、納期に余裕があると納品物のクオリティも上げることができます。

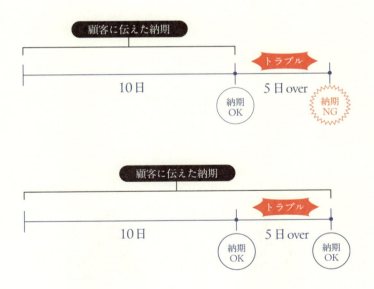

POINT
1.5倍ルールで納期に余裕を持たせると、
顧客の満足度・信頼度も納品物のクオリティも上がる

なお、1.5倍ルールは自分自身の目標設定にも役立ちます。
「月に〇円稼ぎたい」「案件数を〇件に増やしたい」といった目標を立てるときは1.5倍の数値を設定してみてください。1.5倍の数値を目指すことで、結果的にもともとの目標であった1倍の数値をスムーズにクリアできるようになります。

リピート率アップのルール②　120％ルール

　リピート率の高さは「顧客からの信頼度の高さ」です。信頼を積み重ねることで依頼の数や金額が増え、売上も上がっていきます。
　では、信頼を得るためにはどうすればいいのでしょうか？

　手を抜かずに100％の成果物を出すのは当たり前です。リピート率アップを目指すなら、120％の成果を出して顧客の信頼を獲得する必要があります。
　「もっと良いものを作れるのでは？」「他にも貢献できる部分があるのでは？」「こうすればさらに役に立てるのでは？」ということを常に考えて、120％を積み重ねる。これが「120％ルール」です。

100%

120%

第3章 スキルで「貢献」する2つの方法

　120％の成果を積み重ねることで信頼度が高まるため、次の仕事につながったり、別の顧客を紹介してもらえたりする可能性が高まります。
　また、これまで声がかからなかったような大型案件を依頼されるチャンスもアップ。駆け出しの初心者に1万円の仕事が来ることはあっても、いきなり100万円を超えるような大型案件はなかなか来ませんよね。
　しかし、120％で仕事をし続けると、100％で仕事をしたときよりも早く「信頼できる人にしか頼めない大きな案件」をもらえるようになるのです。

　スキルが身についてきて仕事をこなせるようになるとつい忘れがちですが、常に「120％」を意識したいですね。

> **POINT**
> 100％だと「当たり前」、120％だと「すごいね！」でチャンスが増える

はじめの一歩　自分のリピート率を一度計算してみよう。

仕事の幅を広げる「チーム編成」のすゝめ

Expanding the scope of your work: A guide to team formation

　顧客の信頼を獲得できるようになると、規模が大きくて1人では対応しきれない案件や、自分のスキル以上の仕事の相談を受ける場面も出てくるでしょう。そんなとき複数人でチームを組めば、分担して仕事を進められるようになり、生産性や売上の向上につながります。

I can't ...

1人の場合

We can !!

チームの場合

　また、自分とは異なるスキルを持った人と組むことで、請け負える仕事の幅がぐっと広がります。

例）スキル：デザイン
○グラフィックデザインの依頼→自分で対応できる
✗Webデザインの依頼→自分だけで対応できない
「デザイン」の他に「コーディング」など別のスキルも必要！

　このように自分だけでは対応が難しい複数のスキルを要する仕事も、チームを編成することでチャレンジできるようになります。

> **POINT**
> 大型案件や別スキルが必要な案件、難易度の高い案件は
> 「チーム編成」で対応すべし

　依頼された仕事にすべて自分1人で対応しようと考えると、どうしても仕事の分野や規模が限られてしまいます。チームを組むことで新しい経験ができ、さらなるスキルアップにつながるでしょう。

> はじめの一歩　自分の技術と組み合わせられるスキルを持っている人が周りにいないか探してみよう。

「一部の組織化」で効率アップ

　チーム編成は仕事の幅が広がる以外にも、
- 単価を上げやすい
- モチベーションが上がる
- 仲間と高め合いながら仕事ができる
- 差別化やブランディングにつながる

などのメリットがあります。

　一方で、
- チームのメンバーと意見が合わない場合がある
- 報酬の割合でトラブルになる可能性がある
- 自由度が下がる（方針や作業時間など）

といったデメリットも考えられます。
　「いきなりチームで仕事を始めるのは不安」という方は、まずは今の自分がやっている作業の一部を組織化（外注化）できないか考えてみましょう。

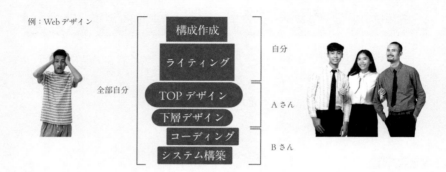

　一部の組織化から始めて、徐々にチームで動く仕事の割合が増えてくると、自分が本当にやりたい作業に集中できるようになります。
　稼いでいる人はこの「チーム編成による仕組み作り」がとても上手です。
　組織化を上手く取り入れて、同じ時間で売上の最大化＝仕事の効率アップを目指してみてください。

　はじめの一歩　今の仕事の中で外注できる部分を書き出してみよう。

技術まとめ

第3章 スキルで「貢献」する2つの方法

- [ ] 売上を伸ばしたいときは①単価②顧客数③リピート率に細分化して、それぞれの対策を考える。

- [ ] 単価は①時給換算②値段表の作成で上げやすくなる。

- [ ] 単価は①周りから料金の安さを指摘されたとき、あるいは②案件数が増えて忙しくなったときに上げる。

- [ ] 顧客数は①顧客が集まる人探し②顧客の分散③クラウドソーシングの活用で増やせる。

- [ ] ①1.5倍ルール②120％ルールで顧客満足度を高め、リピート率向上を目指す。

- [ ] チーム編成(仕事の組織化・外注化)によって仕事の幅や効率がアップする。

| 肩書き | イラストレーター |

北川ともあき

フリーランスのイラストレーター。雑誌・書籍・広告など、さまざまな媒体に向けシンプルで分かりやすいイラストを制作している。著書に『イラレ 魔法のデザイン』（ソーテック社）がある。

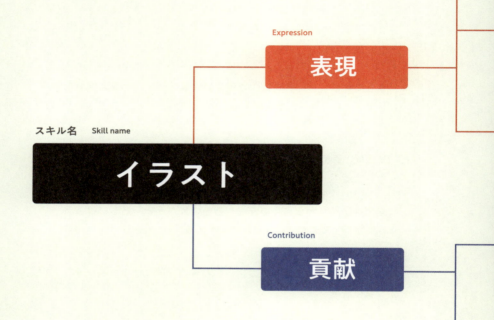

SKILL MAP

実在クリエイターのスキルマップ事例

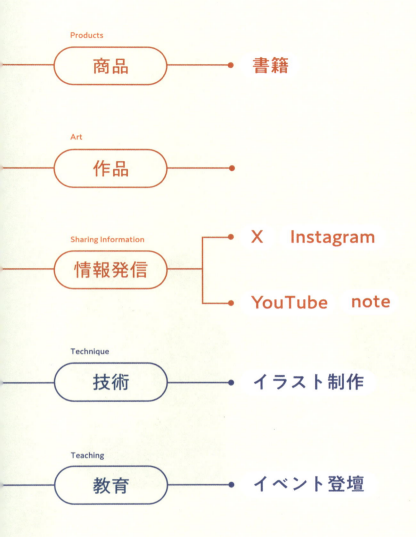

イラスト制作の仕事は、登録しているイラスト検索サイトやエージェント、WordPressで制作した自身のポートフォリオサイトへの検索流入によって獲得。また、イラストレーターでは珍しい「顔出し」をあえてすることで、発注を検討しているクライアントの信用を得ている。noteではイラストレーターの働き方などを発信し、有料のnoteは累計約700部を販売。

貢献カテゴリーのジャンル

教育 Education

> **おさらい**
>
> ・**教育＝自分が持っているノウハウや培った経験を人に伝えて貢献すること**
> ・レッスン、講座、セミナー、ワークショップ、コンサルティングなどが当てはまる。
> ・初心者の段階でも、対象者を絞れば取り組める。
> ・教育は安定した収入に加え、「先生」を名乗ることでブランディングにもつながる。

Online Lesson

Coaching

Consulting

第3章 スキルで「貢献」する2つの方法

Video teaching material

Teaching

Lecture

Seminar

教育を始めるタイミングは今
The time to start educating is now

　教育は「商品」「作品」「情報発信」「技術」に比べてハードルが高いと思われがちです。教育をする人（先生）＝偉い人、というイメージがあるからかもしれません。

　先生とは、読んで字の如く「先を生きている人」を指します。
　つまり、少しでも先に学んでいて、少しでもスキルが高いのであれば、誰でも先生になれるということです。
　例えばスキルがデザインだとすると、「デザインを始めて1年目の人」はデザイン業界では初心者に分類されるかもしれません。しかし、「まだデザインを始めていない人」にとっては先生になり得ます。

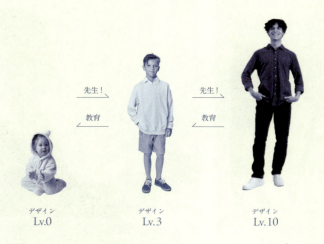

　「実績を出してからじゃないと先生になれない」「一人前になってからじゃないと教育に取り組めない」という思い込みは捨てましょう。それどころか、超初心者の人にとっては、上級者よりも同じ目線に立てる初心者のほうが良い先生になる可能性だってあります。

誰かから「まだ教えられるレベルじゃない」と言われたとしても気にしなくてOK。その人が今のあなたのレベルに合った「生徒」ではない、というだけだからです。

　スキルが身についてきたと感じたら、怖がらずに「教育」というジャンルも視野に入れてみましょう。

> **POINT**
> **スキルが未熟でも教育を始めてOK**

　もちろん、初心者が上級者であるかのように宣伝し、高額なレッスン費を取るなどの詐欺的行為はNGです。しかし、自分のスキルレベルやターゲットを明確にしたうえで行う「教育」は今すぐにでも始められます。

　教育のハードルは意外と高くありません。「今のスキルで教えられることはないか？」をぜひ一度考えてみてください。最初は家族や友達、後輩など周りの人に無料〜少額で教えるところからスタートしましょう。

はじめの一歩　家族や友人など親しい人に教えてみよう。

Tips 自分のスキルアップにもつながる「教育」

　教育では、あなたがこれまでスキルアップしてきた経験の中で成功したことや上手くいった方法はもちろん、失敗談も価値になります。「わたしは〇〇で失敗したから、こうするといいよ」「こうすれば早く成長できるよ」と伝えることができるからです。
　おすすめは「技術」の提供で得た経験や学びを、「教育」に活かすこと。技術と教育は組み合わせやすいジャンルです。

　ただし、技術の上手さと教育の上手さは必ずしも比例しません。教育の上手さとは「言語化能力の高さ」とも言い換えられます。
　スキルが身につけば「できる」段階にはなりますが、「教えられる」段階になるためには言語化能力を高める必要があります。

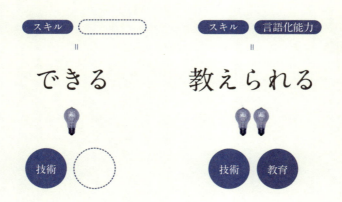

言語化能力を高めるには、第1章にも登場した「葉を見る→木を見る→森を見る」の視点を持つことが重要です。

	葉を見る	木を見る	森を見る
	要素を発見	なぜ？を考える	法則化する
成功体験を当てはめると…	何にどうやって成功したのか？を具体的にする	なぜ成功したのか？を深掘りする	別の場面でも応用できるように法則化する
失敗体験を当てはめると…	何にどうやって失敗したのか？を具体的にする	なぜ失敗したのか？を深掘りする	同じ失敗を起こさないように法則化する

　自分が得た知識を教えることで上達するのは、生徒のスキルだけではありません。教育を行ううえで言語化が必要になるため、おのずと自分のスキルも向上します。
　自己成長のために「教育」を活用するのも手です。

POINT
**教育は生徒だけでなく、
自分自身のスキルアップにもつながる**

はじめの一歩　今月経験したことや学んだことを法則化し、シェアしてみよう。

教育を構成する5つの要素
The five elements that make up education

序章でお伝えしたとおり、教育では次の5つを組み合わせてカリキュラムを作ります。

①期　　間：どのくらい時間をかけるか？
②提供先：どんな人に教えたいか？
③人　　数：一度に何人に教えるか？
④場　　所：どこで教えるか？
⑤教え方：どうやって教えるか？

これらの要素は途中で変更しても構いません。最初から100％の状態に完成させる必要はないので、自分に合う方法で実際に「教育」をスタートし、動きながらアップデートしていきましょう。

①期間

教育で提供するカリキュラムには、短期的なものと長期的なものの2種類があります。

期間	例
短期的	単発セミナー、単発コンサルティング、数時間のワークショップ
長期的	複数回のレッスン、数ヶ月契約のコンサルティング

始めるハードルが低いのは、短期的なカリキュラムです。少しの経験があればすぐにスタートできます。次の3ステップを踏むことで短期的なカリキュラムを作ることができます。慣れてくれば、いきなり資料に落とし込めるようになるでしょう。

STEP1：自分のスキルについて教えられることを棚卸しする
STEP2：棚卸しした内容を身近な人に教えてみる
STEP3：資料に落とし込む

　短期的なカリキュラムのメリットは、自分の好きなタイミングで開催できる点。また、短いスパンでの開催ゆえに生徒の反応や結果が早く分かるため、どんどんアップデートしていけるところも利点です。
　ただし、売上を継続的に上げていくためには、生徒を随時募集し続ける必要があります。

　長期的なカリキュラムは学びの回収スパンが遅く、最初のカリキュラム作りや集客に労力が必要になるぶん、常に告知し続ける必要はなく、先の収入目処も立ちやすいなどのメリットがあります。ひとりひとりの生徒とじっくり向き合って教えることができるので、やりがいをより感じられるところも魅力です。

> **POINT**
> **短期的なカリキュラムは学びの回収スパンが短い**

②提供先

　教育の提供先の大まかな分類は次の3パターンです。

・個人
・企業
・学校

また、具体的に次の要素も考えておくと、カリキュラムの内容を決めやすくなります。

・性別
・年齢
・仕事や役職（会社員、個人事業主、経営者、主夫／婦、学生）
・スキルレベル（未経験者、初心者、中級者、上級者）　など

　なお、クライアントからの要望に沿って毎回異なる納品物を作る「技術」に対して、「教育」は一度カリキュラムを作ってしまえば提供先が変わっても同じ内容を使い回せるところもメリットです。

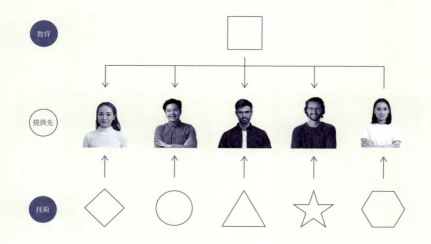

POINT
別の提供先にもカリキュラムの使い回しができる

③人数

教育を提供する人数に着目すると、個別教育と集団教育に分けられます。

人数	個別(マンツーマン) 1人	集団(対複数) 少人数	集団(対複数) 多人数
メリット	・コミュニケーションを取りやすい ・集客しやすい ・自由度が高く柔軟に対応できる	・生徒のモチベーションにつながる ・場が盛り上がりやすい	・同じ時間で最大限の収入を得られる ・知名度向上につながる
デメリット	・知名度向上につながりにくい ・収入アップにつながりにくい	・マンツーマンに比べて1人あたりの対応時間が短くなる(満足度が下がる可能性がある)	・集客が大変 ・場所が限られる ・最初のうちは緊張や経験不足に悩む

　人数が少ないとひとりひとりの生徒と密なコミュニケーションを取ることができ、個々のスキルレベルに合わせてじっくり教えられます。
　関係性を構築しやすく、満足度が高くなる傾向にある一方で、知名度向上や収入アップにはつながりにくいです。

　人数が多くなると集客や会場選びに労力がかかるものの、同時に複数人へ教育を提供できるので時間対効果が高まります。教えること、人前で話すことに慣れてきたら、集団教育にぜひチャレンジしてみてください。

187

④場所

教育を提供する場所はオフライン型（対面）とオンライン型（遠隔）に分かれます。

	オフライン型	オンライン型
メリット	・コミュニケーションを取りやすい ・トラブル対策や満足度向上に取り組みやすい	・自由度が高い（場所、時間、人数） ・会場費がかからない
デメリット	・会場の予約や設営が必要 ・エリアや人数が制限される	・お互いの反応が分かりづらい ・通信トラブルが起こる可能性がある

近年主流となりつつある「オンライン型」は対応できる生徒の範囲が広く、効率が良く、少ない労力で開催できるので集客・実施がしやすいです。対する「オフライン型」は、スキルの伝授しやすさや生徒とのつながりの深さにおいて優れています。

なお、オフラインとオンラインを組み合わせた「ハイブリッド型」もあります。一部の生徒は会場に集まって参加し、一部はインターネットを通じて参加する形式です。

⑤教え方

教え方はリアルタイム型とコンテンツ型に分かれます。

	リアルタイム型	コンテンツ型
教え方	自分で直接教える	事前に準備した動画やテキストなどを用いて教える
メリット	・コミュニケーションを取りやすい ・生徒の様子を見ながら柔軟に対応できる	・少ない労力で実施できる ・生徒が希望するタイミングで参加できる(時間や場所の自由度が高い)
デメリット	・スケジュール調整が必要	・疑問をすぐに解消できない

　最も少ない労力で実施できるのは、オンライン型×コンテンツ型の組み合わせです。一度コンテンツを作ってしまえば何度でも実施でき、自分のスキルを教材として蓄積できます。

　反対に最も高い熱量で実施できるのは、オフライン型×リアルタイム型の組み合わせです。オンライン型×コンテンツ型に比べて費用や労力はかかりますが、生徒と良好な関係を構築しやすい点がメリット。自分の仕事を手伝ってもらったり、別の仕事依頼にもつながりやすいです。

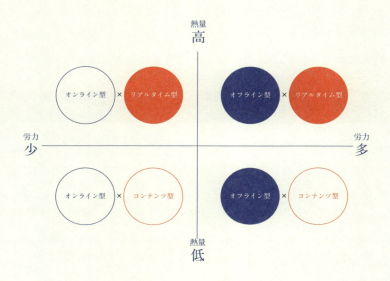

POINT
教育をきっかけに、別の仕事依頼につながる場合がある

 5つの要素を組み合わせて、オリジナルの教育カリキュラムを作ってみよう。

Tips 教育で教えるべき2つの「○○知識」

知識には次の2種類があり、生徒をスキルアップさせるためには両方の知識が必要になります。

①外的知識
本・動画などのコンテンツや人を通じて身についた知識。理論（脳）で学ぶもの。

②内的知識
実体験を通じて身についた知識。トライ＆エラーを繰り返し、直感（体）で学ぶもの。

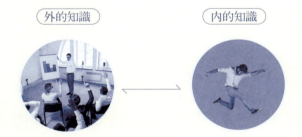

教育を始めたての人は、生徒に①の外的知識ばかりを教えているケースが多いです。ところが頭で覚えた知識しか身についていないと、なかなか成果が出ません。
教育を提供する目的は、生徒のスキルアップです。生徒の成長を促すためには、①だけでなく②の内的知識を得られるように導く必要があります。

ビジネス本を読んだときのことを思い浮かべると、理解しやすいのではないでしょうか。ビジネス本を読んでも成果が出る

人と成果が出ない人がいますよね。これは、本を読んだ後に外的知識だけでなく、内的知識も得たかどうかの違いです。

　内的知識は失敗を経験することで身につきやすいため、あえて生徒が転ぶ（失敗する）ように誘導しましょう。

　例えば、以下のような方法です。

・肝となる知識を伝えずに課題を与え、まず自分自身で試行錯誤してもらう。ミスした後に、同じミスを起こさないための知識を教える。
・今のスキルレベルより少しハードルの高い課題を与え、失敗してもらう。足りない知識を認識させ、自分から質問させる。

　このような失敗を経て内的知識を得た後に外的知識を教えると、スキルアップのスピードや質が高まります。

POINT
内的知識は失敗経験によって身につきやすくなる

はじめの一歩　安全な中で失敗してもらう仕組みをカリキュラムの中に取り入れよう。

教育まとめ

- [ ] 教育はスキルが身についたばかりの初心者の段階でも始められる。

- [ ] 教育に着手するなら、身近な人に無料〜少額で教えるところから始めるとよい。

- [ ] 教育の上手さは技術の上手さと比例せず、スキルに加えて言語化能力が必要。

- [ ] 言語化能力は「葉を見る→木を見る→森を見る」の視点を持つことで鍛えられる。

- [ ] 教育の内容（カリキュラム）は①期間②提供先③人数④場所⑤教え方の５要素で成り立っている。

- [ ] 生徒をスキルアップさせるためには、内的知識を身につけてもらってから外的知識を教えることが大切。

肩書き 税理士

大河内薫

「お金の教育を広める」をモットーに自治体との連携や日本＆海外の学校で"お金の授業"を展開。動画＆音声メディアでお金の知識を毎日数万人に発信している。著書に日本で一番売れている税金本『お金のこと何もわからないままフリーランスになっちゃいましたが税金で損しない方法を教えてください！』（サンクチュアリ出版）がある。

Expression
表現

スキル名　Skill name
お金の知識

Contribution
貢献

SKILL MAP 05

実在クリエイターのスキルマップ事例

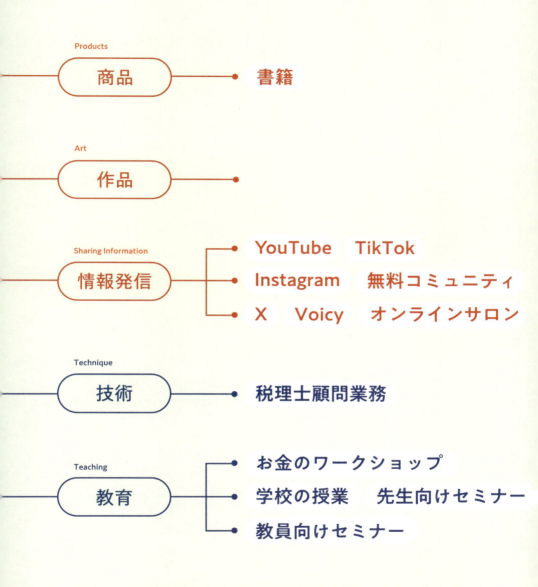

税理士という職業を活かしながら、お金の稼ぎ方ではなく、マネーリテラシーを学校やイベント等で子供から大人にまで無償で教えており、それができるお金の先生も育成している。多様なSNSで発信を行っており、特に音声プラットフォームであるVoicyに力を入れ、毎日お金の知識について無料配信と有料配信をしている。

第4章

人生を
レベルアップする
スキルマップ活用術

How to use Skill Map
to level up your life

基礎編：自分だけのスキルマップ作成
Basic edition: creating your own Skill Map

　序章〜第3章では、スキルマップを構成する各項目の内容や考え方についてお伝えしました。本章では、スキルマップの作り方や使い方といった「スキルマップの活用術」を解説していきます。

　スキルマップを作る・使う過程でつまずいたら、これまでの章を読み返してみてください。この本のどこかに「？」を「！」に変えるヒントが必ず書かれています。
　また、章末のコラムでは、編集に協力してくれた榎谷ゆきのさんによる実際のスキルマップ作りの過程を対談形式で紹介していますので、こちらも参考になるはずです。

　それではまず、次の3ステップに沿って自分のスキルマップを作成してみましょう。

<スキルマップを埋める3ステップ>

STEP1：「スキル名」の欄に自分のスキルを1つ入れる

STEP2：そのスキルに関して今やっていること（やっていたこと）をジャンル別に書き出す
…STEP2ではまず現状を理解することが大切です。無理にたくさん埋めなくてもOK！　現時点でまだやっていることがない方はSTEP3に進んでください。

STEP3：継続すること・これからやりたいこと・できそうなことをSTEP2と違う色のペンで書き加える
…継続する項目に加え、これから実現したいことや、STEP2を書いて気づいたこと、すでにやっているけどもっと増やしたいことをSTEP3に書いてください。

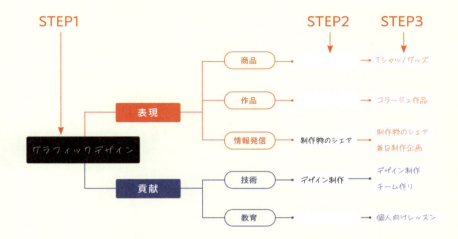

　STEP3では「①増やす」「②捨てる」「③組み合わせる」の3つの方向性を意識して、できるだけたくさん書き出してみましょう。

方向性	考えること	例：スキル「ライティング」の場合
①増やす	STEP2と同じジャンルに新しいことを追加できないか？ あるいは、別のジャンルを始められないか？	記事の執筆だけでなく、初心者ライターに執筆のコツを伝えて育成する
②捨てる	STEP2で書き出した「今やっていること」をやめるとしたら、新しくどんなことに取り組んでみたいか？	Webの記事を書く仕事をやめて、書籍の執筆に特化する
③組み合わせる	STEP2で書き出した複数の要素をかけ合わせて、新たに取り組めることはないか？	書籍執筆のコツを生徒に教える

　このとき「自分がこれからどうなりたいのか？」「これ以上何を求めているのか？」というスキルマップを作る目的を考えるとアイデア

が浮かびやすくなります。
- **お金を稼ぎたい**
- **自分らしく生きたい**
- **有名になりたい**
- **人の役に立ちたい**

　など、自分が理想とする未来によってスキルマップに書く内容が変わってくるはずです。1つだけでなく、複数の願望があっても構いません。

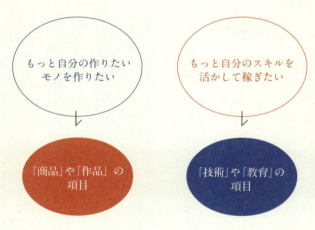

POINT
スキルマップを作るときは「want to」をイメージすべし

　本書の冒頭の折り込みにスキルマップをご準備しました。直接書き込んでもOKですが、複数のスキルマップを作れるように印刷して使用することをおすすめします。

はじめの一歩　スキルマップを1枚作ってみよう。

作ったスキルマップを実行に移そう

　スキルマップが完成したら、STEP3で書き出した項目に取りかかる順番を決め、目標を立ててから実行に移しましょう。

　これまでは興味・関心の赴くままに漠然とやっていたアレコレも、スキルマップを作ることで「何をやりたいのか？」をスッキリと整理できたかと思います。次は「何から始めるか？」「どうやるのか？」を考える段階です。

　リソース（＝スキルマップの実行にかけられる時間やお金）には限りがあるので、すべてを一度に実行することは難しいです。「やってみたい」「面白そう」「これならできそう」と興味を引かれる項目から順に番号をつけていくことをおすすめします。

＜スキルマップを実行するときのコツ＞
①目的に近い項目から優先順位をつける
②計測可能な目標を立てる

①目的に近い項目から優先順位をつける

　先ほど挙げたスキルマップを作る目的（want to）を叶えるために優先すべき項目から①、②、③……と優先順位をつけていきます。

want toの例	叶えやすいジャンル
お金を稼ぎたい	技術、教育 …「貢献」カテゴリーは安定した収入につながりやすい。
自分らしく生きたい	商品、作品、情報発信 …「表現」カテゴリーは自分ならではのセンスや世界観を形にできる。特に「作品」がおすすめ！

第4章　人生をレベルアップするスキルマップ活用術

| 有名になりたい | 情報発信、教育
…ブランディングやファン作りにつながる。 |
| 人の役に立ちたい | 技術、教育
…他者に対して「貢献」できるジャンル。 |

　目的やそれを叶える方法が分からないときは、周りの人に相談してみるのもおすすめです。「わたしに必要なものって何だと思う？」「稼げるのってどれだと思う？」とアドバイスを求めることで、自分では思いつかないアイデアが生まれることがあります。

②計測可能な目標を立てる

　取りかかる順番を決めるだけでなく、上手な目標を立てることも実行に移す上で大切なポイント。上手な目標とは、「期限」と「数値」が具体的に設定されている「計測可能な目標」を指します。

　優先度①の項目に対して、計測可能な目標を立てましょう。

項目：アパレル商品を販売する
△「本業の空き時間でなるべく多くの商品を作る」
　　→具体性がなく、目標を達成できたかどうか計測できない。
◎「1週間でTシャツのデザイン候補を5つ出す」
　　→期限（1週間）と数値（5つ）が明確で、計測できる。

　自分が理想とする未来（目的）を描けたら、何をすればいいかが分かります。すると、実行するための計画を立てることができ、具体的

な行動に落とし込めます。
　スキルマップは現状の把握と同時に、「何をすればいいんだろう？」を「これをしよう！」に変えるツールなのです。

理想とする未来は？

↓

そのために何をすればいい？

↓

どうやって実行する？

　はじめの一歩　スキルマップを使って、1週間の実行計画を立ててみよう。

作ったスキルマップに別のスキルをかけ合わせよう

　スキルマップは1つのスキルに対して1枚作るものですが、別のいくつかのスキルとかけ合わせることで強化できます。
　かけ合わせるスキルが増えるほどスキルマップの項目を増やすことができる、つまりできることが増えて、レアな存在＝需要の高い存在になれるからです。

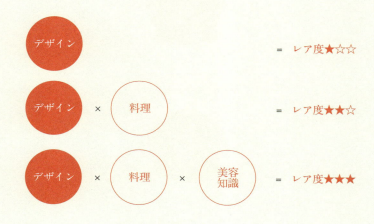

> **POINT**
> 別のスキルをかけ合わせてスキルマップを強化

「1万時間の法則」をご存知ですか？
　ある分野でプロ（100人に1人の存在）になるためには、1万時間をかける必要があるという説です。
　また、100人に1人になれる分野（スキル）を2つ作って「1万人に1人」、3つ作って「100万人に1人」……と自分のレア度を高めることで、さらなるチャンスをつかみやすくなるとも言われています。

「1つのスキルで100人に1人の存在になるために1万時間が必要と

いうことは、1万人に1人（2つのスキルで100人に1人）の存在になるには2万時間かけないといけないの？」と気が遠くなる方もいるでしょう。

そこで本書では、松・竹・梅の3分野のかけ合わせを推奨しています。2万時間ではなく1万2,900時間をかけるだけで、手っ取り早く1万人に1人の存在を目指す方法です。

1万人に1人の人材になる松竹梅の考え方

	レア度	かかる時間
松	100人に1人	1万時間
竹	25人に1人	2,500時間
梅	4人に1人	400時間
松竹梅のかけ合わせ	100×25×4=1万 1万人に1人	1万2,900時間

つまり、後からかけ合わせる2つのスキル（竹・梅）は「スキルマップに入れたスキル（松）ほど極める必要はない」ということ。
「松スキル」でスキルマップを作ってから、「竹スキル」と「梅スキル」

をかけ合わせることで、少ない労力でレア度を高めることができます。

ただし「松スキル」があるからこそ、「竹スキル」「梅スキル」が効いてくるので、まだプロと呼べるスキルがない人はまず最初の「松スキル」を獲得しましょう。

参照 スキルを獲得する方法　P.48へ

POINT
松竹梅のスキルで1万人に1人の存在になれる

はじめの一歩　作ったスキルマップに別のスキルをかけ合わせて、項目を増やしてみよう。

応用編：最強のかけ算「表現」×「貢献」

Advanced edition: the ultimate combination — expression × contribution

　スキルマップは「表現」と「貢献」の2つのカテゴリーに分かれています。基礎編では「1項目ずつ取り組んでみよう」とお伝えしていましたが、応用編では「表現」と「貢献」の2つのカテゴリーをかけ算することによって、**お金も時間もあって自分らしさを表現できる最強の状態**を目指します。

「表現」だけの状態	「貢献」だけの状態
○ 基準や優劣がなく自由に楽しめる ○ 他者との差別化、ブランディングになる ✕ お金や時間を確保しにくい	○ 対価として時間とお金を獲得できる ○ 感謝の言葉をもらえることが多い ✕ 「自分のため」の活動が減り、楽しめなくなる（場合によってはメンタルを病むことも）

⇩

「表現」×「貢献」

1. 「貢献」で生んだ時間とお金を「表現」に投資
2. 「表現」による発信やブランディングで影響力が増す
3. 新しい「貢献」の仕事が舞い込む
4. お金と時間がさらに増える

第4章　人生をレベルアップするスキルマップ活用術

2つのかけ算で貢献→表現→貢献→表現……の好サイクルが上手く回り出すと、だんだんと余裕が生まれて、「貢献」でも「表現」でも自分が楽しいと感じることだけを選べるようになります。

> **POINT**
> **「表現」と「貢献」は相乗効果を生む**

　表現活動は「有名なコンテストに応募する」など難易度の高いものでなくても、「1週間に1作品をSNSに上げる」のような手軽に取り組めるものからで構いません。第2章では「メディア露出」や「SNSでのバズ」といった利点をご紹介しましたが、友人やフォロワーに対して発表するだけでもかけ算を生むことができます。

　ただし、"かけ算"という観点では「表現」と「貢献」は同じスキルがベターです。

　自分が「面白そう！」「やってみたい！」と思うことを心の赴くままに表現してみましょう。「表現」だけでは生きていけないかもしれませんが、「貢献」でツラくなったときに救ってくれたり、他の仕事につながったりすることもあります。

・「表現」はしているけれど「貢献」はしていない
・「貢献」はしているけれど「表現」はしていない
・「表現」も「貢献」もしているけれど、かけ算になっていない

　上記に当てはまったら、「表現」と「貢献」のかけ算ができないかをスキルマップを見ながら一度考えてみてください。

> **はじめの一歩**　「表現」と「貢献」のかけ算ができないかを考えてみよう。

Tips 自由を手に入れるスキルマップ版「セブンポケッツ」

「表現」と「貢献」のかけ算は相乗効果を生んでくれるだけでなく、リスクヘッジにもなります。いずれか1つに集中するのではなく分散して取り組むことで、どちらかが上手くいかなかったときもリスクを補い合い、収入面や精神面での「安定性」を高めることができます。

これに似た考え方として紹介したいのが「セブンポケッツ」です。「7つの財布」を意味し、複数の収入源を持つことで経済的な安定や時間的な自由を手に入れようという考え方です。

セブンポケッツを構成する代表的な収入源の例	①給与収入	会社員として働くことで得られる収入
	②事業収入	自分の事業で得られる収入
	③副業収入	空いた時間で取り組む副業で得られる収入
	④投資収入	株や投資信託などの投資で得られる収入
	⑤不動産収入	不動産を賃貸することで得られる収入
	⑥権利収入	著作権や特許権などの権利から得られる収入
	⑦その他の収入	フリーマーケット、懸賞金、臨時収入など

このようないくつかの収入源を組み合わせれば、自分らしい「セブンポケッツ」を持つことができます。

本書では収入源の選択肢を、2つのカテゴリーと5つのジャ

ンルに分類しました。「セブンポケッツを持つべき」といっても、スキルマップで書き出した項目を一気に実行することは難しいです。本章の基礎編でお伝えしたように、優先順位を決めて1つずつ実行していきましょう。

　項目を増やすことができれば、お金にも時間にも余裕が生まれます。ぜひ「スキルマップ」を活用してあなたらしい「セブンポケッツ」を実現してください。

発展編：
世の中を読み解くスキルマップ分析
Development edition: Skill Map analysis for deciphering the world

　自分のスキルマップを作って実行する以外に、「他の人や企業をスキルマップに当てはめて分析する」という活用法もあります。

<スキルマップ分析が役立つ場面>
・憧れの人や尊敬している人に近づきたいとき
・売れている人や企業の成功要因を知りたいとき
・新たなビジネスモデルを組み立てたいとき
・ライバルや競合企業について調べたいとき
・誰かの相談に乗るとき

　スキルマップを使って分析することで、新たな学びやより良い気づきを得ることができます。分析したい会社や人のWebページやSNS、インタビュー記事、動画などをもとにスキルマップを作ってみましょう。スキルマップを作るだけでなく、なぜ成功しているのか分析すると、自分のスキルマップの強化にも役立ちます。次のページで実例を紹介します。

はじめの一歩　好きな企業のスキルマップを作ってみよう。

肩書き クリエイティブチーム
某有名クリエイティブ会社

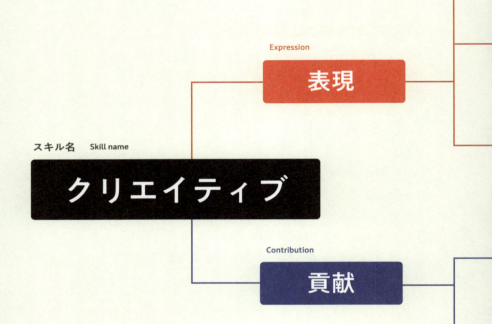

SKILL MAP 01
スキルマップ分析の例

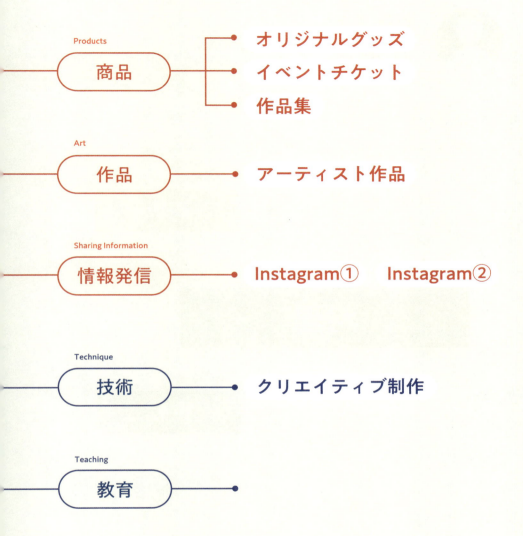

多数のクリエイターが所属するクリエイティブ会社。制作はグラフィック、Web、写真、動画、3Dなど多岐にわたる。制作会社としてだけではなくギャラリー＆ショップを自社で運営しており、そこでオリジナルグッズの販売やイベントチケットの販売、またギャラリーで展示しているアーティストの作品を販売している。Instagramは会社とギャラリー＆ショップの2つを運用している。

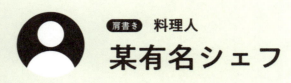
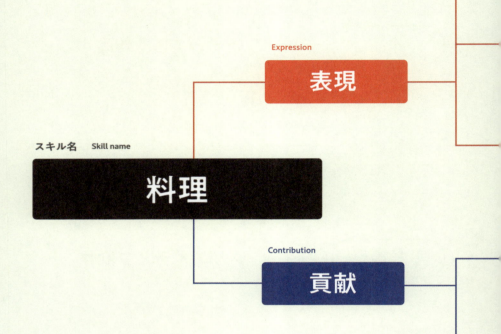

SKILL MAP 02

スキルマップ分析の例

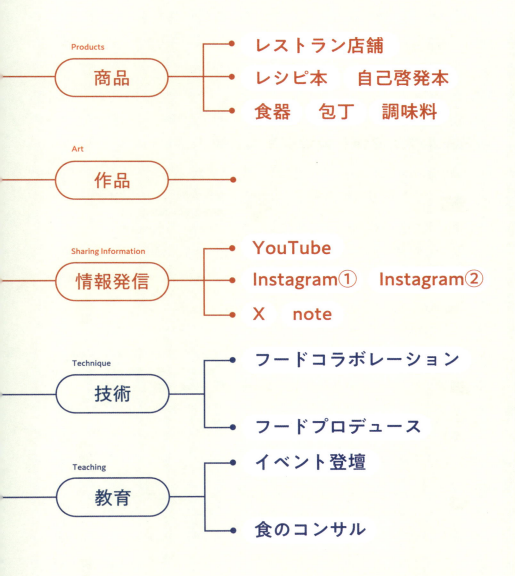

レストラン店舗を複数展開している某有名シェフ。店舗の展開で終わらず、インフルエンサーとしてメニュー開発などのフードプロデュースや、フードコラボレーションなどを行う。簡単レシピを紹介するメディアを運営しており、個人のSNSと店舗やメディアのSNSからなる情報発信がそれぞれ機能し、店舗への集客はもちろん、商品や技術、教育につながっている。

Column コラム

スキルマップ作りの過程を大公開！

 デザイン研究所（著者）
「スキルマップ」の生みの親

 榎谷ゆきの（フリーライター／本書の編集協力）
「スキルマップ」作り初挑戦

ライターとしての仕事の幅を広げたいなとぼんやり考えているのですが、何をすればいいか分からなくて。なかなか新しいことにチャレンジできていません。

 そんなときこそ「スキルマップ」の出番です。今日は榎谷さんオリジナルのスキルマップを作って、具体的な行動計画まで落とし込みましょう！

所長、よろしくお願いします！

ではまず、第4章の最初にお伝えした「スキルマップを埋める3ステップ」に沿って書いてみましょうか。

はい。えっと……STEP1のスキルは「ライティング」で、STEP2の今やっていることはこんな感じです。

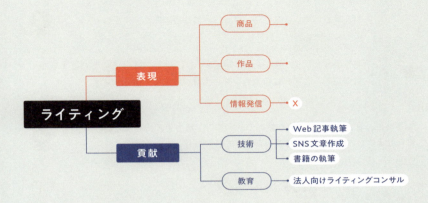

「貢献」カテゴリーがメインなんですね。ちなみに、「X」ではライティングに関する情報発信をされているのでしょうか?

いえ、プライベートな内容も多い雑多なアカウントになっています。そもそもあまり更新していなくて……。

では、「ライティング」のスキルマップとしてはなくてもいいかもしれませんね。記事の執筆やコンサルは、**今だいたいどのくらいの数・量をこなしているのか**メモしておくと、STEP3を埋めやすくなりますよ!

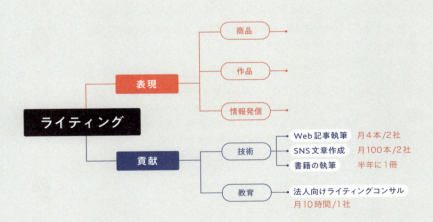

こんな感じでしょうか？　けっこう具体的に書くのですね！

 そうですね。STEP2 は現状を整理することと、STEP3 の材料にすることが目的なので、この時点で詳しく書いておくと役立ちます。

なるほど。さっそくSTEP3も書いてみます。①増やす②捨てる③組み合わせるの3つの方向性を意識して書いてみると……

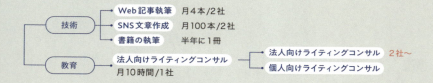

コンサルは1社から2社以上に増やしたり、個人向けにも展開したりできそうだけど……う〜ん。意外と考えるのが難しいです。

 スキルマップを書く手が止まったときは、「目的（want to）」を振り返ってみましょう。榎谷さんは「ライティング」というスキルを使ってどうなりたいですか？

①家族や友人に自信を持って仕事の話をしたい②自分の裁量で自由に進めたい③1億円稼ぎたい……です！

 いいですね！　①はもう達成できている状態だと思うのであえて考えなくてもいいかもしれません。②は会社員をやめてフリーランスという働き方をされているので、こちらも達成できているのではないでしょうか。なので、③の「稼ぐこと」をメインの目的として考えてみましょう。

「稼ぐこと」が目的だと、「貢献」カテゴリーを増やせばいいでしょうか。

そうですね。「貢献」は収入を得やすいカテゴリーですが、「表現」でも問題ありません。または、**単価の低い案件を減らしたり、単価をアップしたり**するのも手ですね。

最近友達が「TikTokは収益化できて稼げる！」と言っていたような……。あと、Webの記事執筆やSNSの文章作成は単価が低く薄利多売の傾向にあるので、減らしてもいいかも。

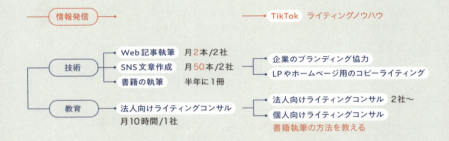

今は1人でする仕事が多いのですが、第3章の「チーム編成」の話を思い出して、企業のブランディングやホームページ制作のチームに入るなど、大きなプロジェクトに参加するのもいいかもと思いました。あと、今やっている「書籍の執筆」と「コンサル」を組み合わせて、ブックライターを育成する個人向けレッスンもできるかもしれません。

いい感じですね！ 「目的（want to）」を考えるからこそ、増やす選択も、捨てる選択も、組み合わせる選択もしやすくなります。

たしかに、「これがあれば稼ぎやすくなるかも？」という軸で考えると、アイデアが浮かびやすかったです。

では、次は優先順位を①～③までつけてみましょう。

技術のうち「LPやホームページ用のコピーライティング」は、そもそもサイト制作自体の単価が大きそうですし、多くのブランドと取引のあるお客様が周りにいるのですぐに相談できそうです。

第3章で登場した「顧客が集まる人を探す」ができているんですね！では、これを優先順位①としましょうか。

あとは、個人向けより企業向けの仕事のほうが単価が大きいから、「企業のブランディング協力」や今やっている「法人向けライティングコンサル」を増やすとよさそうですね。こんな感じでしょうか。

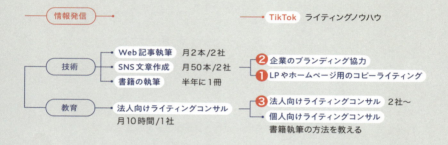

いいと思います。「ライティングで稼ぎたい人」にとって必ずしもこれが正解というわけではなく、例えばSNSで稼ぐノウハウがある人なら、情報発信の欄の「TikTok」を優先度①にしてもいいかもしれません。TikTokでフォロワーが増えたら、「個人向けレッスン」の生徒集めもしやすくなりそうですし。

今の自分の状況や取り組みやすさ、目的（want to）との近さなどから総合的に判断したらいいんですね。

ここまで書けたら、あともう1歩！　優先順位①の項目に対して目標を立て、すぐに行動できる状態にするのみです。

既存のお客様に連絡してみる前に、Webサイト特有のライティングについて学ばないと。ライティングが良いなと感じるサイトを探す、コピーライティングに関する本を読む……あとはクラウドソーシングで腕試ししてみるのもありかも。

「期限」と「数値」を設定するのを忘れないでくださいね！　例えば、「サイト探しにかける時間を土日で1時間ずつ確保する」のように**計測可能な目標を立てるのがポイント**です。

そうでした！　これなら、目的に向かって一歩ずつ着実に進んでいけそうです。帰ったらさっそく目標達成のためのスケジュールを考えてみたいと思います。

読者の皆さんも榎谷さんと同じように、ぜひスキルマップを実際に作ってみてくださいね！

肩書き ライター / SNS ディレクター

榎谷ゆきの

フリーランスのライター。会社員としてSEO記事の編集・ディレクションをしていたが、コロナ禍の時に独立。Webライティング、ブックライティング、SNS運用などジャンル問わず幅広く対応。情報を媒体に合わせて簡潔にまとめ、読者に分かりやすく届けることを意識している。

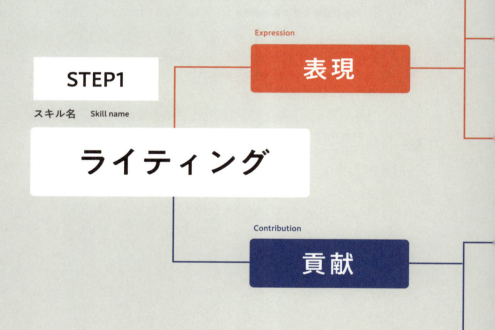

SKILL MAP

スキルマップ作りの例

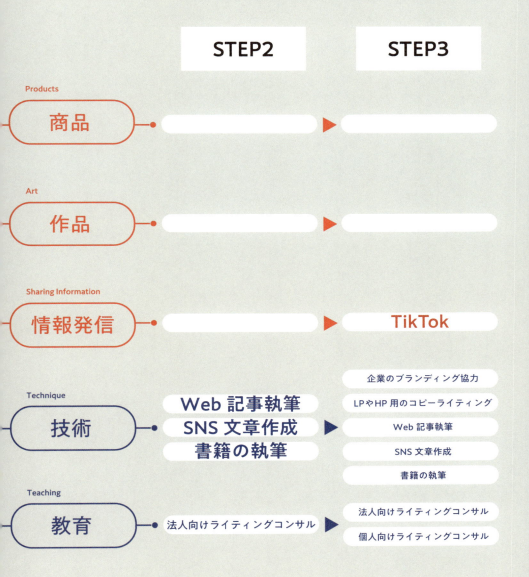

POINT　Webライターとして独立後、現在はSNSの投稿文やビジネス書の執筆も手がける。また、企業へのライティング研修やセミナーも実施。独立以来、個人のSNSやポートフォリオサイト経由、既存顧客からの紹介を通して集客している。

第4章まとめ

- [ ] スキルマップは「増やす」「捨てる」「組み合わせる」の3つの方向性と、理想の未来を思い描くことで作りやすくなる。

- [ ] 作ったスキルマップに取り組む前に、実行する順番（優先順位）と計測可能な目標を決める。

- [ ] 1つのスキルマップに別のスキルをかけ合わせ、1万人に1人の存在を目指す。

- [ ] 「表現」と「貢献」の2カテゴリーをかけ合わせることで、お金・時間・自分らしさ・影響力などが同時に手に入る。

- [ ] スキルマップは他人や企業の分析にも活用できる。

スキルマップを
効果的に
使うための心得

Tips for effective
use of Skill Map

第5章

立ちふさがる5つの壁
The five obstacles standing in your way

　スキルマップは上手く使えば自分の中にある無限の可能性を知り、人生を切り開く強力なツールになるものです。しかし、スキルマップを活用する過程でなかなか結果が出ずに悩むこともあるでしょう。
　スキルマップの活用において立ちふさがる「5つの壁」の存在を知らず、途中で諦めてしまう方も少なくありません。

＜5つの壁＞
①発想の壁…「何か始めたいのに思いつかない」
②行動の壁…「アイデアはあるのに動けない」
③実現の壁…「行動したのに上手くいかない」
④普及の壁…「実現したのに広まらない」
⑤継続の壁…「普及したのに続けられない」

　①→⑤へと進むにつれて難易度は上がりますが、このたった5つの壁を飛び越えさえすれば自分らしい人生を切り開くことができます。

①発想の壁

　第1の壁は「発想の壁」。新しい考えやひらめきがなかなか生まれない「モヤモヤした状態」を指します。

・アイデアが浮かばない
・作りたいものが思いつかない
・何を発信すればいいか分からない

「発想の壁」は最も乗り越えやすい壁です。アイデア出しのツールを使ったり、情報収集したりといった能動的な時間を増やせば簡単に解決します。

＜発想の壁にぶつかったときに試したいこと＞
・常識の逆を考えてみる
・「オズボーンのチェックリスト」を活用する
・「マインドマップ」を活用する
・アウトプットする

POINT
発想の壁は「能動的な時間」を増やして乗り越えるべし

常識の逆を考えてみよう

STEP1. テーマを決める
STEP2. そのテーマに関する常識を書き出す
STEP3. 常識を逆にする
STEP4. アイデアに落とし込む

　この方法では途中で可能か不可能かを判断しないことと、無理やりにでも常識を逆にすること(「逆」が思い浮かばなければ否定するだけでもOK)が大切です。

常識の逆を考える方法の例

STEP1. テーマを決める	グラフィックのデザインレッスン
STEP2. そのテーマに関する常識を書き出す	・プロのデザイナーになりたい人が受ける ・パソコンを使う ・レッスン中に制作する ・週○回 ・個人向け ・先生が生徒に教える
STEP3. 常識を逆にする	⇔デザイナーになりたいわけではない人が受ける ⇔パソコンを使わない ⇔その場では制作しない ⇔毎日 ⇔法人向け ⇔生徒同士で教え合う
STEP4. アイデアに落とし込む	→非デザイナーだけが受講できる →体で覚える →知識だけ蓄える →合宿形式 →企業や店舗が対象 →自習時間を設ける

「オズボーンのチェックリスト」を活用しよう

「オズボーンのチェックリスト」とは、9つの項目に沿った質問に答えることでアイデアを発想する手法です。

9つの項目	意味	質問の例
①転用	別の使い道を考える	・新しい用途は？ ・他の使い方はできる？ ・別の場所で使うと？ ・別の目的で使うと？ ・もし○○ではなかったら？
②応用	世の中にあるアイデアを借りる	・似た商品を真似したら？ ・尊敬するあの人ならどうするか？ ・競合はどうしている？ ・他の業界ではどうなっている？
③変更	変える、軸をズラす	・色や見た目を変えたら？ ・ターゲットを変えたら？ ・イメージを変えたら？ ・時間や場所を変えたら？ ・音、香り、動きを変えたら？
④拡大	大きくする、増やす	・サイズを大きくしたら？ ・重くしたら？ ・値段を高くしたら？ ・材料や成分を増やしたら？ ・ユーザーを広げたら？ ・抽象化したら？
⑤縮小	小さくする、減らす	・サイズを小さくしたら？ ・軽くしたら？ ・かける時間や回数を減らしたら？ ・機能を減らしたら？ ・市場を絞ったら？

⑥代用	別のものに変える	・他のものや人で代用したら？ ・仕事中に使うとしたら？ ・プライベートで使うなら？ ・一部を代替品にしたら？ ・過程やアプローチを変えたら？
⑦再配置	入れ替える	・順番や配置を入れ替えたら？ ・スケジュールを変えたら？ ・原因と結果を入れ替えたら？
⑧逆転	逆にする、否定する、捨てる	・立場が逆になったら？ ・プラスとマイナスを逆にしたら？ ・買い手の目線で考えたら？ ・メリットを否定したら？ ・デメリットを肯定したら？
⑨結合	組み合わせる、まとめる	・○○と組み合わせたら？ ・利用シーンをまとめたら？ ・ギャップを作るとしたら？ ・体験を組み合わせたら？ ・似たものとまとめたら？ ・セットを作るとしたら？

　成功しているものやビジネスは、上記9つのいずれかに当てはまっているケースが多いです。例えば、デカ盛りメニューが話題のレストランは「④拡大」、1000円カットは「⑤縮小」、消しゴム付きのシャーペンは「⑨結合」に該当します。

　9つの視点で質問に答えていき、アイデアのインスピレーションを得ましょう。

「マインドマップ」を活用しよう

　マインドマップとは、頭の中にある考えを視覚的に表現するための有名なフレームワークです。とにかくまずは深く考えずに、マップを作っていきましょう。

STEP1. テーマを中央に書く
STEP2. テーマから連想される言葉やイメージを書く（1層目）
STEP3. 1層目から連想されるものを書き加えて放射状に広げる
　　　 （2層目）
STEP4. さらに書き加える（3層目）

マインドマップの例

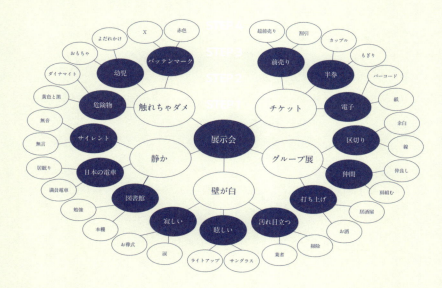

　STEP3・STEP4でアイデアを広げていく段階では、最初に決めたテーマに関連しないことを書いても構いません。線でつなげた要素から思いつくままに広げていきましょう。こうすると、テーマの常識をくつがえすような斬新なアイデアが生まれやすくなります。

　また1つのアイデアをピックアップし、先ほど解説した「逆を考える」や「オズボーンのチェックリスト」を活用することも有効です。
　1人でマインドマップを使っても上手くいかない場合は、複数人でいっしょに書き込んでいく方法がおすすめです。

アウトプットしよう

「アイデアの量はインプットの量に比例する」と言われます。インプットとは本やニュース、SNSや人の話などから新しい知識や情報を得ることです。
「たくさんインプットしているけどアイデアが増えない」という方は、インプットではなくアウトプットが不足しているのかもしれません。頭の中だけでアイデアを発想できる人は少ないです。一度外に吐き出すことで、目や耳を通してあらためて捉え直せるようになります。

アウトプットは①話す②書き出すの2つの方法に分けられます。

①話す

誰かと話している最中に、「今思いついたんだけど○○するのも面白くない!?」とひらめいた経験はありませんか？
頭の中にある情報（インプットしたもの）を誰かに説明するためには、相手が理解できるように自分の言葉でまとめなおす作業が必要です。この思考の過程で、予想外のアイデアが生まれることがあります。
事実だけでなく自分の意見・感想・気づきを加えると、より柔軟な発想が生まれやすくなるでしょう。

また、インプットした内容を誰かに伝えるだけでなく、数人で議論する方法も効果的。「三人寄れば文殊の知恵」ということわざがありますが、1人では思いつかないアイデアが出やすくなります。

―― ②書き出す

　手指を動かして思考を書き出す行為は、脳の活性化に効果があると言われています。
　ノートとペンを取り出して、インプットした情報をまとめたり、頭の中ですぐに再現できない図やイラストを描いてみたり。先述の「オズボーンのチェックリスト」や「マインドマップ」も、スマホやパソコン上で作成してもよいですが、実際に書くことでアイデアが浮かびやすくなります。
　下記のように、思いついたアイデアをとりあえず「スキルマップ」に登場する5つのジャンルに分類するのも面白いです。

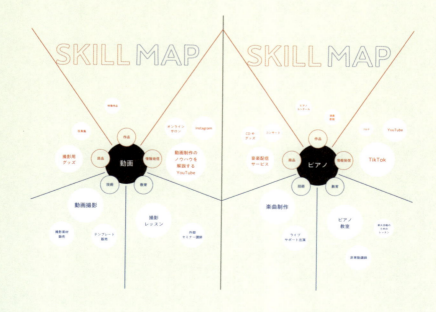

②行動の壁

　発想の壁を越えた先に立ちふさがる第2の壁は「行動の壁」。アイデアを思いついたあと、行動せずに終わってしまう人が多いです。「お金の余裕ができたら」「時間が空いたら」「準備が整ったら」……と、何かと"やらない理由"を並べてストップしていませんか？

「アイデアに価値はない。それを実行できてはじめて価値になる」
　　　　　　　　　　　　　　　——ラリー・ペイジ氏／Google創業者

　上記の名言のとおり、行動を伴わないアイデアに価値はありません。そのアイデアを思いつくだけの人ならたくさんいるからです。
　大切なのは「とりあえずやってみる」の精神で行動し、実際に形にすること。多くの人が立ち止まるこの段階で動き出せるかどうかが運命の分かれ道です。
　PDCAサイクルをご存知でしょうか？　PDCAサイクルとは、Plan（計画）、Do（実行）、Check（評価）、Action（改善）の4つのステップを繰り返すことで、業務や品質の改善を図る手法です。
　これまで行動の壁を突破できていない人は「P→P→P→P」サイクルにはまっていると考えられます。つまり、一度行動（Do）すれば「P→D→C→A」サイクルを回せるようになります。
　ですので行動の壁を突破できていない人は、まずは「D→C→A→P」に意識を変えるべきです。最初から成果の出る計画を考えるのではなく、まずは実行し、何かしらの結果を得て、その結果を受けてから改善するのです。そこから初めて計画を立てるのです。

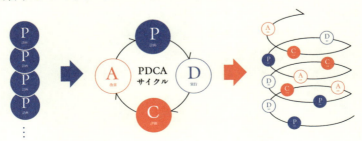

そのためにまずは「10分だけやってみる」ことと、「交流会やセミナーに申し込む」ことをおすすめします。

> **POINT**
> 行動の壁は「最初の小さな一歩」さえ踏み出せば乗り越えられる

今すぐ10分だけやってみよう

　行動の壁を越えるコツは、ハードルを下げて少しずつ走り始めることです。
　例えばいきなり「今週中に新しい商品を1つ作ろう」と行動目標を立てたとしても、重い腰がなかなか上がらないですよね。
　では、「明日は朝8時に起きよう」ならどうですか？　行動できない人はあまりいないのではないでしょうか。

　「朝8時に起きる」が達成できたら、次は「早起きして空いた時間で読書する」ができるかもしれません。「読書する」ができたら、「本を読んで気づいたことを人に話す」ができるかもしれません。
　誰でもできる小さな挑戦からスタートしてアクションを積み重ねていくだけで、いつの間にか、高く見えていた「行動の壁」は簡単に越えられるものです。
　それでは、本をめくる手をいったん止めて、10分間だけ行動してみましょう。

・スキルマップをコピーして書き込んでみる
・マインドマップを書いてみる
・この本を読んだ感想をまとめてみる
・明日の目標を紙に書いて壁に貼る

など、どんな内容でも構いません。

交流会やセミナーに申し込もう

「1人だとなかなかやる気が出ない」という方は、思い切って自分のスキルに関連する交流会やセミナーに申し込んでみましょう。「行動している人」が集まっている場所なので参加するだけで刺激になり、モチベーションが高まります。
「何をすればいいか分からない」という方も、交流会に参加している人やセミナーの講師からアドバイスをもらえることがあります。

「一度参加したことがあるけど変わらなかった」という人は、長期セミナーに参加するとよいでしょう。「週に一度×半年間」のような継続的なセミナーに参加すれば、変化した環境が習慣になり、セミナー終了後も自分で行動できるようになるはずです。

③実現の壁

　第3の壁は「実現の壁」。積み重ねた行動を形にしてリリースし、他者からの評価をもらう段階です。
　行動することはたしかに大切ですが、さらに情熱と時間をかけて0→1を実現するところまで持っていかなければ、成果は得られません。
　実現の壁を越えるためには行動力だけでなく、やりたいことを形にする「実現力」も必要になります。

「行動力」→何かやりたいことがあったときに動き出す能力
「実現力」→A 完成形を作り上げる能力＋B 評価される状態にする力

	行動力	実現力
プラモデルで例えると……	パーツを組む	❹プラモデルを作り上げる ＋ ❺プラモデルを評価される状態にする

　まず「A 完成形を作り上げる」ためには、完成に至るまでの計画が不可欠です。完成形＝最終的な目標を決め、ゴールから逆算してやるべきことを細分化しましょう。

　第4章でもお伝えしたとおり、計画内の「やるべきこと」は期限や数値（達成すべき数や作業量など）を具体的に決めると実行に移しやすくなります。

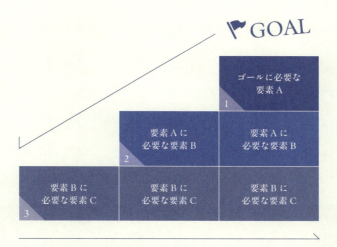

第5章　スキルマップを効果的に使うための心得

　行動することだけに満足していたら危険信号！「行動はできたけど思うようにいかない」と悩んでいる方は、行動力を過信しすぎているのかもしれません。
　スキルマップを活用してやり遂げたいことがあるのなら、「行動して当たり前」「実現できないと気持ち悪い」と感じる状態を目指しましょう。
　次に「B 評価される状態にする」ことで、成果（＝他者からの評価）を得ることを目指します。趣味で終えるならAだけでOKですが、成果を求めるのならA＋Bまで進まなくてはなりません。

評価される状態とはSNS上で発表する、コンテストに出品する、実際に販売する、などの状態です。
　評価される状態になると、前記のようなサイクルを繰り返すことになり、一度作り上げた完成形をどんどんブラッシュアップできるようになります。
　つまり実現の壁を乗り越えるには、まだ形になっていなくても、発表する場を先に設定してしまいましょう。そうすることで期限が生まれ、形にせざるを得ない状況を作ることができます。

> **POINT**
> 実現の壁は最初の発想を
> 「形にして」「お披露目する」ことで乗り越える

④ 普及の壁

　第4の壁は「普及の壁」です。実現することで他者の目に触れるようになったら、次はより多くの人に知ってもらう段階へと進みます。
　普及の壁は次の2つが合わさったときに越えられます。

普及しやすいモノやサービスを作る

＋

普及しやすい仕組みを整える

> **POINT**
> 普及の壁を乗り越えてはじめて「成功」と言える

普及しやすいモノやサービスを作ろう

　普及するためには、そもそも人の心を動かすモノやサービスであることが前提条件です。

第2章で解説した「3つの設計」のうち、①と②を参照してください。
①コンセプト設計…「見せ方」を決める　(p.89へ)
②販売方法の設計…「売り方」を決める　(p.94へ)
③流入経路の設計…「広め方」を決める

普及しやすい仕組みを整えよう

　普及しやすいモノやサービスを完成させるだけでは不十分で、広まりやすい仕組みを整えることも大切です。
　第2章で解説した「3つの設計」のうち、③を参照してください。
①コンセプト設計…「見せ方」を決める
②販売方法の設計…「売り方」を決める
③流入経路の設計…「広め方」を決める　(p.97へ)

　上記では主な流入経路として、「SNS」「検索」「プレスリリース」「広告」「紹介」「出店」の6つをご紹介していますが、実際にはもっと多くの施策が存在します。あなたが作ったモノ・サービスと親和性が高そうな施策をいくつか選び、普及を目指しましょう。

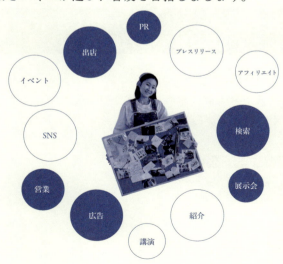

普及の壁が最も突破の難しい壁となります。コンセプト設計、販売方法の設計、流入経路の設計の３つが機能していないと突破が難しいからです。
　ただし普及といっても大きく差があるので、周りと比べず過去の自分と比べていきましょう。

⑤継続の壁

　第５の壁は「継続の壁」です。自分のスキルを活かして活躍したいなら、そのチャンスが巡ってくるまで根気強く続けることが必要です。

したい人、10,000人。始める人、100人。続ける人、1人

　こんな言葉があります。
　何かを思いついても実際に始める人は少なく、継続する人はもっと少ないです。逆に言えば、ただ続けるだけでもチャンスをつかめる可能性は高まるということです。

> **POINT**
> 自分のスキルで人生を切り開くためには、
> 継続の壁を乗り越えるべし

　継続できない理由、つまり、
　「なぜチャンスが来る前にやめてしまうのか？」
　これには４つの要因があります。

＜継続を阻む４つの要因＞
①環境
②お金
③時間
④やる気

環境を変えよう

「You are the average of the five people you spend the most time with.（周りにいる5人の平均があなたになる）」

——ジム・ローン／起業家

　自分を形づくるのは環境であることを表すこんな言葉をご存知でしょうか。つまり、環境を変えさえすれば「継続できない自分」を変えられる可能性があるということです。

　環境は「人」「場所」「物」の3つに分解できるとよく言いますが、結局は「場所」として捉えることができます。「場所」さえ変えれば、そこにいる「人」もそこにある「物」も必然的に変わるからです。

POINT
継続できないときは環境≒場所を変えてみるべし

　「なかなか継続できない」と悩んでいる方は住む場所、働く場所、遊びにいく場所、交流する場所……など、あなたがいつも身を置いている「場所」を思い切って変えてみてください。

（例）	BEFORE	→	AFTER
	田舎		都会
	〇〇県		△△県
	大企業		ベンチャー企業
	のんびりした職場		熱量の高い人が多い職場
	日本語を話す職場		外国語を話す職場
	「オフライン」で交流		「オンライン」で交流
	国内旅行		海外旅行

お金を用意しよう

やりたいことにお金がかかる場合、金銭面が理由で継続できなくなることもあります。次のような方法で、継続するための資金を用意しましょう。

・本業の収入で生活の土台を作る
・スキルマップの「表現」カテゴリーではなく「貢献」カテゴリーから着手する
・スポンサーを見つける
・クラウドファンディングを行う
・家計を見直して支出を減らす

時間を作ろう

　スキルマップを実行に移す時間を上手く作れないとなかなか成果が出ず、成果が出ないと継続できません。第1章では時間を作るコツとして、次の3つの方法を挙げました。

①朝の過ごし方を見直す
②効率化できるところを探す
③捨てられる時間を探す

　この中で特に意識すべきなのが③です。
　スキルマップ初心者にとってありがちなのが、「項目をとにかくたくさん書き出してすべてをやろうとする」という失敗。スキルマップに書ける項目は多いほうがよいですが、埋めることが目的ではありません。また、同時に全部を進める必要もありません。

　時間を生むためには取捨選択が不可欠です。第4章の基礎編でも解説したとおり、スキルマップのどこから取りかかるのか優先順位を決めましょう。目的を叶えるために最も近道となる方法を選ぶと効率的に進めやすく、時間に余裕が生まれるのでおすすめです。

やる気を引き出そう

　最初はあったやる気がだんだんと失せてしまう。これも、継続を阻む要因の1つです。

　やる気は出そうとして出せるものではありません。
「やる気が出てからやる」ではなく、正しくは「とりあえずやっているうちにやる気が出てくる」。なかなかできていなかった家の掃除も、

ちょっとだけやり始めたら止まらなくなった……なんて経験は、誰しもがあるのではないでしょうか。

やる気スイッチのイメージ
（ONとOFFの2段階のみ）

実際のやる気スイッチ
（0→MAXと段階的に変化する）

「環境」が整っていて「お金」も「時間」もあるのに継続できないときは、小さな行動を起こすことが大切です。「まずは10分間だけ」など小さな行動からも、小さな成果が出ます。積み重ねて成果が出れば「やる気」は後からついてきます。

POINT
やる気は「出そうと頑張る」ものではなく、成果が出たら「勝手に出る」もの

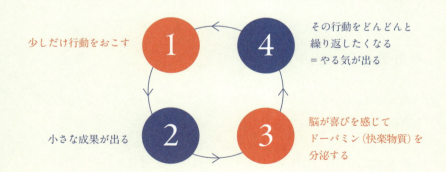

このようなやる気アップサイクルをどんどん回して、「継続の壁」突破を目指しましょう。

　「継続の壁」を突破できた頃には、自分らしい人生に大きく近づいているはずです。本章でご紹介した5つの壁を意識し、「自分は今どの壁にぶつかっているのか？」を理解して突破口を見つけましょう。
　どうしても突破口が見つからない場合は、また1つ目の壁（発想の壁）の前に戻ってイチからやり直せばいいだけです。一度でも壁を突破する経験ができたら、その後もし同じ壁にぶつかっても以前よりずっと楽に越えられますよ。

第5章まとめ

- [ ] スキルマップを活用する過程で、「発想の壁」「行動の壁」「実現の壁」「普及の壁」「継続の壁」を突破する必要がある。

- [ ] 「発想の壁」はマインドマップの活用やアウトプットなど、能動的な時間を増やして乗り越える。

- [ ] 「行動の壁」は小さなアクションの積み重ねや交流会・セミナーへの参加によって乗り越える。

- [ ] 「実現の壁」は目標(ゴール)から逆算し、やるべきことを細分化して乗り越える。

- [ ] 「普及の壁」は商品作りに必要な3設計(コンセプト・販売方法・流入経路)の考え方を応用して乗り越える。

- [ ] 「継続の壁」は4つの阻害要因(環境・お金・時間・やる気)を取り除いて乗り越える。

肩書き デザイナー
デザイン研究所

SNS起点のデザインメディア。デザイン特化のメディアではSNS総フォロワー数は国内最大。ポイント別のギャラリーサイト「managary」を運営。著書に『デザインのミカタ 無限の「ひきだし」と「センス」を手に入れる』(KADOKAWA)、『マンガでカンタン！ デザインの基本は7日間でわかります。』(Gakken) がある。

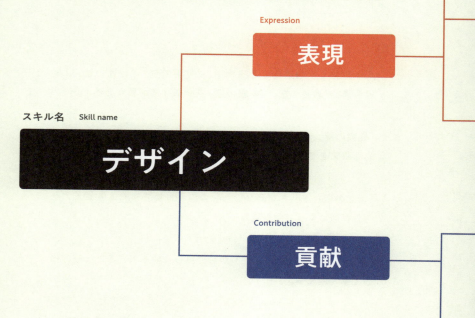

SKILL MAP 06

実在クリエイターのスキルマップ事例

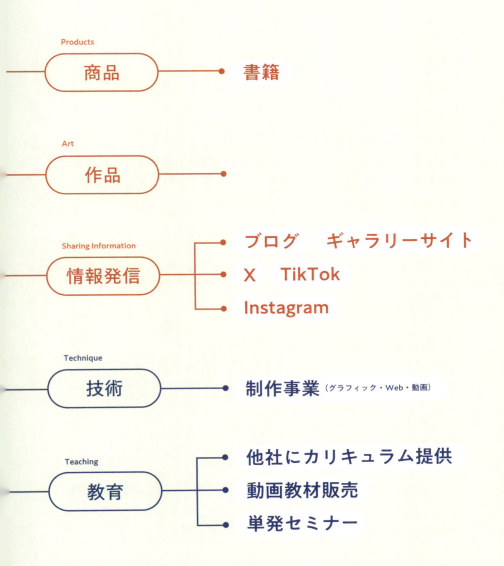

制作事業を通して得たデザイン知識をXやInstagram等で発信している。また、情報発信を起点に教育や書籍の執筆にも応用。教育カテゴリーでは、オンラインスクール「デイトラ」のWebデザインコースにカリキュラム提供をしたり、IllustratorやPhotoshopの動画教材を販売したり、不定期に単発セミナーを開催したりしている。

おわりに

「はじめに」でもお伝えしたとおり、わたしたちは今、昔よりずっと多くの選択肢がある社会に生きています。自由である一方、本当に必要なものや幸せだと感じる道を選ぶことが難しくなりました。選択肢があふれる豊かな時代だからこそ、自分らしい人生を見つけにくくなっています。

この本は、そんな現代社会において「より良い選択肢を選びたい」「自分のスキルを使って、自分らしい人生を切り開いていきたい」と考えるすべての方に向けて書きました。

今でこそ独立し、好きなことを仕事にして自分らしく生きることができているわたしも、ここに至るまでには幾多の紆余曲折がありました。
かつて「好きなことを仕事にして生きていくにはどうすればいいのだろう？」と悩んだわたしは、インターネットで検索し、慣れない本を読み漁り、とにかく情報を追い求めていました。しかし、どれだけ調べても目指すべき正解は見つからず、「好きなことで生きていく方法」の全体像が分からなかったのです。
そのため、あまりにもたくさんの経験と失敗をして、ずいぶん遠回りをしたように思います。高卒で会社員経験もないわたしの人生は全く順調なものではなく、自分らしい人生を手に入れるまでかなり時間がかかってしまいました。

しかし、そんな人生だったからこそ、他の人にはない経験を得ることができたと思っています。これまで培ってきた幅広い経験をもとに、スキルを活かして活動している多くの人々の生き方に照らし合わせることで完成したツールが「スキルマップ」なのです。

　身の回りにあふれる選択肢を整理し、自分らしい未来へと導いてくれるあなただけの地図、「スキルマップ」。これを通じて、経済的な豊かさも精神的な豊かさも手に入れることができるでしょう。本書が「自分らしい人生」を探し求めている人々の役に立つことを祈っています。

　最後に、わたしが好きな言葉を1つだけ紹介して終わろうと思います。

「偉大な人というのは、普通の人が立ち止まる時に動き出す普通の人である」

　この本を手に取り、自身のスキルマップを作ることができたあなたは、すでに第一歩を踏み出しました。本書をきっかけにスキルを活かしたあなたらしい人生に向かって突き進んでいただけますように。
　わたしもまだまだこのスキルマップを使って、自分らしい人生を追い求めていきます。
　最後までお読みいただき本当にありがとうございました。

2025年3月

デザイン研究所　所長

デザイン研究所
デザイナーからノンデザイナーまで、役立つデザインポイントをわかりやすく解説するメディア。SNS総フォロワー数は60万人以上を誇り、デザインジャンルでは日本最大級（2025年2月時点）。また、3連休で終わる最速のデザイン講座「ノンデザッ！」なども主催している。著書に『デザインのミカタ 無限の「ひきだし」と「センス」を手に入れる』（KADOKAWA）、『マンガでカンタン！ デザインの基本は7日間でわかります。』（Gakken）がある。

装丁・本文デザイン　合同会社IMAGINAL
DTP　エヴリ・シンク
編集協力　志村まや　榎谷ゆきの
素材　iStock AdobeStock Freepik Unsplash

隠れた強みと好きなことが才能に変わる
スキルマップ

2025年3月13日　初版発行

著者／デザイン研究所
発行者／山下 直久
発行／株式会社KADOKAWA
〒102-8177　東京都千代田区富士見2-13-3
電話　0570-002-301(ナビダイヤル)

印刷所／大日本印刷株式会社
製本所／大日本印刷株式会社

本書の無断複製（コピー、スキャン、デジタル化等）並びに
無断複製物の譲渡および配信は、著作権法上での例外を除き禁じられています。
また、本書を代行業者等の第三者に依頼して複製する行為は、
たとえ個人や家庭内での利用であっても一切認められておりません。

●お問い合わせ
https://www.kadokawa.co.jp/ （「お問い合わせ」へお進みください）
※内容によっては、お答えできない場合があります。
※サポートは日本国内のみとさせていただきます。
※Japanese text only

定価はカバーに表示してあります。

©Designkenkyujo 2025　Printed in Japan
ISBN 978-4-04-606784-5　C0030